Karl Kinzel

Hans Sachs

Karl Kinzel

Hans Sachs

ISBN/EAN: 9783744648875

Hergestellt in Europa, USA, Kanada, Australien, Japan

Cover: Foto ©Thomas Meinert / pixelio.de

Weitere Bücher finden Sie auf **www.hansebooks.com**

Hans Sachs

ausgewählt und erläutert

von

Dr. Karl Kinzel.

Zweite verbesserte und vermehrte Auflage.

Halle a. S.,
Verlag der Buchhandlung des Waisenhauses.
1893.

Vorwort.

Seitdem dies Heft zusammen mit Böttichers „Hildebrands- und Waltharilied" als Anfang der „Denkmäler" im Jahre 1889 zum ersten Male in die Welt ging, ist unsere Sammlung dem damals entworfenen Plane gemäß im großen und ganzen abgeschlossen. Daß nun schon drei Hefte in neuer Auflage erscheinen mußten, ist uns ein Zeichen, daß das Unternehmen, dem litteraturgeschichtlichen Unterricht neue Hilfsmittel zu schaffen, Anklang gefunden hat, und daß man wirklich damit Ernst zu machen anfängt, den Schülern auch die Denkmäler der älteren Litteratur in die Hände zu geben. Unzweifelhaft ist dies auch im Sinne der unterdessen in Kraft getretenen neuen amtlichen Bestimmungen.

Nach der Bedeutung, welche Hans Sachs für seine Zeit gehabt hat, welche er für Goethe gewann und welche ihm die kundigsten Beurteiler wie Karl Goedeke beimessen (siehe Einleitung S. 3), darf er bei der Behandlung des 16. Jahrhunderts in Prima neben Luther nicht fehlen. Indem wir unsern Grundsätzen gemäß nur Stücke berücksichtigten, welche ihrem Inhalte nach für die Schule von Wert sind, ist die Auswahl so getroffen, daß der Lehrer an der Hand derselben und mit Hilfe des in der Einleitung gegebenen Materials ein möglichst umfassendes Bild von ihm zu geben vermag. Hans Sachs tritt uns darin als patriotischer, als christlich-evangelischer und als humoristisch-didaktischer Dichter entgegen. Diese Gesichtspunkte, unter welchen er auf der Schule zu behandeln sein wird, bedingten die Anordnung der ausgewählten Werke. Zu

ihren Gunsten verzichteten wir auf die mehr äußerliche Gruppie=
rung nach strophischen (als Probe wurde ein Meistergesang mit=
geteilt), unstrophischen (Sprüchen) und dramatischen Dichtungen,
um so mehr, als Sachs nie aus innern Gründen seine Formen
wählt und ihn nicht etwa der eigentlich dramatische Stoff zur
dramatischen Behandlung treibt. Hat er doch die Geschichte von
den ungleichen Kindern Evas zuerst in einem Meistergesang, dann
in einem „Spiel", in einer Komödie und zuletzt in einem Spruch=
gedicht behandelt.

Die notwendige Ergänzung dieses Heftes bildet das 4. Heft
dieser Abteilung, das Kunst = und Volkslied in der Reformations=
zeit enthaltend. Die Kenntnis des Volksliedes wird erst das
rechte Verständnis für die auf volkstümlicher Grundlage erwachse=
nen Dichtungen des Hans Sachs eröffnen und das dort über den
Meistergesang Mitgeteilte diese Seite des Nürnberger Meisters
ins rechte Licht setzen.

Auf mehrfach ausgesprochenen Wunsch ist in der 2. Auf=
lage der Text um ein Stück vermehrt und die Erklärung unter
dem Text erheblich erweitert worden.

Friedenau, August 1892.

Inhalt.

Einleitung.

Ein Meistersänger.

Da steh ich in der Fremde ganz allein:
Wer irgend weist mich an? Wer führt mich ein?
Wer sagt mir, welch ein Geist hier waltet? —
Seh ich mich an, mein Kleid scheint mir veraltet,
Und nirgends hör ich den gewohnten Klang,
Den alten, frommen, treuen Meistersang.
Doch seh ich hier die weiten edlen Kreise
Versammelt aufmerksamer stiller Weise,
Ich höre kaum ein leises Atemholen,
Und daß ihr da seid, zeigt, ich bin empfohlen.
Auch als ich kam, ward mir auf Straß' und Plätzen
Der alte Nam' zu tröstlichem Ergötzen.
So sei es nun, so werde denn vertraut
Vor neuem Ohr die alte Stimme laut! —

Den Deutschen geschah gar viel zu Lieb:
Als man Eintausendfünfhundert schrieb,
Ergab sich manches zu Nutz und Ehren,
Daß wir daran noch immer zehren:
Und wer es einzeln sagen wollte,
Gar wenig Dank verdienen sollte,
Da sich's dem Vaterland zu Lieb
Schon tief in Geist und Herzen schrieb.
Doch weil auf unsern deutschen Bühnen
Man preist ein löbliches Erkühnen,
Und man bis auf den neusten Tag
Gern auch was Altes schauen mag,
So führen wir vor Aug' und Ohr
Euch heut einen alten Dichter vor.

Derselbe war nach seiner Art
Mit so viel Tugenden gepaart,
Daß er bis auf den heutgen Tag
Noch für'n Poeten gelten mag,
Wo deren doch unzählig viel
Verderben einer des andern Spiel.

Und wie, auch noch so lange getrennt,
Ein Freund den andern wieder erkennt,
Hat auch ein Frommer neuerer Zeit
Sich an des Vorjahren Tugend erfreut
Und hingeschrieben mit leichter Hand,
Als stünd' es farbig an der Wand,
Und zwar mit Worten so verständig,
Als würde Gemaltes wieder lebendig.

Mit diesen Versen leitete Goethe im Jahre 1828 eine Auf=
führung des Deinhardstein'schen Dramas „Hans Sachs" in Berlin
ein, vor welcher auf Veranlassung des Theater=Intendanten mit
des Dichters Erlaubnis „Hans Sachsens poetische Sendung"
vorgetragen wurde. Mit diesem Gedichte, welches Goethe gleich
im Sinne Hans Sachsens als „Erklärung eines alten Holz=
schnittes" bezeichnete, hatte er im Jahre 1776 seine Teilnahme
für den länger als ein Jahrhundert verkannten, ja fast ver=
schollenen Nürnberger Meister bekundet und das Verständnis des=
selben neu geweckt. Mit feinstem Sinne zeichnete er hier das
Wesen eines echten Dichters, entwarf mit sicheren Strichen das
Bild unsres Meistersängers und zeigte, worin er sich mit ihm
geistesverwandt fühlte. Eine ganze Reihe von Dichtungen, von
denen hier besonders der Faust und die Legende vom Hufeisen
zu erwähnen sind, bekunden deutlich genug den Einfluß, welchen
Goethe dem Vorbilde gestattete, und im 18. Buch von „Dichtung
und Wahrheit", wo er von der Unsicherheit in der Behandlung des
Verses in den siebziger Jahren spricht, hat er seine Stellung zu
Hans Sachs folgendermaßen bezeichnet: „Um einen Boden zu
finden, worauf man poetisch fußen, um ein Element zu ent=
decken, in dem man freisinnig atmen könnte, war man einige
Jahrhunderte zurückgegangen, wo sich aus einem chaotischen Zu=
stande ernste Tüchtigkeiten glänzend hervorthaten, und so befreun=
dete man sich auch mit der Dichtkunst jener Zeiten. Die Minne=
sänger lagen zu weit von uns ab; die Sprache hätte man erst

studieren müssen, und das war nicht unsere Sache; wir wollten
leben und nicht lernen. Hans Sachs, der wirklich meisterliche
Dichter, lag uns am nächsten. Ein wahres Talent, freilich nicht
wie jene Ritter und Hofmänner, sondern ein schlichter Bürger,
wie wir uns auch zu sein rühmten. Ein didaktischer Realismus
sagte uns zu, und wir benutzten den leichten Rhythmus, den
sich willig anbietenden Reim bei manchen Gelegenheiten. Es
schien diese Art so bequem zur Poesie des Tages, und deren
bedurften wir jede Stunde."

Was also Goethe an Sachs schätzte, ist aus dem angezogenen
Stoffe leicht darzustellen. Sein Urteil ist von der kritischen Nach=
welt bewährt gefunden, und die Schätzung des alten Dichters
wird wachsen, je mehr man den wahren Zusammenhang der Dich=
tung mit dem Volksleben hoch hält. Mit Recht macht Goedeke
in seinem Grundriß zur Geschichte der deutschen Dichtung darauf
aufmerksam, daß man Sachs nur richtig beurteilen könne, wenn
man ihn mit seinen Vorgängern und mit seinen Zeitgenossen
vergleiche. „Er übertrifft alle an Fülle und Umfang des Stoffes,
an Mannigfaltigkeit der Erfindungen und Formen, an sittlicher
Tiefe und glücklicher Gestaltung. Alles, was die Dichtung der
Zeit auszeichnet, findet sich bei ihm gereinigter und geläuterter
wieder; keine Form war ihm widerspenstig; kaum irgend ein
Gegenstand, der dem Wissen jener Zeit gehörte, war ihm fremd;
er beherrschte Geschichte und Sage mit gleicher Meisterschaft und
Sicherheit; seine Betrachtungen und Beobachtungen sind immer
glücklich und anschaulich eingekleidet; durch die mißlichsten Ver=
hältnisse weiß er seine Erfindungen, namentlich die aus dem
Leben seiner Zeit, mit leichter Wendung zu reinen und beruhi=
genden Ausblicken zu führen. Mit vollem Rechte durfte er, der
die volle Derbheit seiner Zeit unbefangen abschilderte, von seinen
Gedichten rühmen, daß alles, was Sitte und Zucht zuwider=
laufe, ausgeschlossen sei; was bei ihm steht, war den guten
Sitten jener Zeit gemäß, was bei den ältern Nürnbergern ver=
letzt, war nur den Sitten der Zeit nicht entgegen. Es ist nicht
erforderlich, die Kunst des Dichters zu rechtfertigen, namentlich
nicht gegen die, welche sie nach heutigem Geschmack verurteilen
oder mit der Shakespeares vergleichen. Seine Schwänke sind von
keinem Dichter der Welt übertroffen; seine Fastnachtsspiele sind so
vollkommen den besten unter den guten kleinen Spielen alter und
neuer Zeit in Erfindung, dramatischer Gestaltung, Verwickelung und

Angemeffenheit der Sprache ebenbürtig, daß jeder, der sie gelesen und verstanden hat, immer wieder lieber zu ihnen als zu fremden zurückkehrt. Seine größeren Schauspiele, von denen er diejenigen, in denen gekämpft wurde, nach dem Sprachgebrauch der Zeit Tragödien, die übrigen Komödien nannte, sind in dem epischen Stile wie die Schauspiele der Zeit überhaupt gedichtet und machen keinen andern Anspruch, als den, die Stoffe in Hand=lung vor den Augen der Zuschauer zu verwandeln. An Aus=tiefung der Charaktere, Verwickelung und gar an Lösung von Problemen dachte weder die Zeit des Dichters noch er selbst. Deshalb war Hans Sachs so überaus fruchtbar; er rang nicht jahrelang mit seinen Stoffen, schrieb sie vielmehr mit klarer Leichtigkeit hin, wie sie ihm rasch aufgegangen waren. Im Stu=dium des Hans Sachs und der Verhältnisse, unter denen seine dramatischen Dichtungen durch Deutschland vom Volke aufgeführt wurden, könnte die Gegenwart lernen, was kein Studium fremder Kunstpoesie sie lehrt: die Ausfüllung der Kluft zwischen Dichter und Volk."

Die Quellen für die Lebensgeschichte unseres Dichters fließen äußerst spärlich. Außer den dürftigen Andeutungen, welche seine Werke enthalten, haben wir nur wenige Notizen. Wir würden daher in großer Verlegenheit sein, wenn er nicht in einem Reimwerk von 1567 einige Angaben über sein Leben gemacht hätte. Wir lassen diese Hauptquelle daher hier folgen und ergänzen sie in den Anmerkungen.

Summa all meiner Gedicht
vom 1514. Jar an bis ins 1567. Jar.[1]

Als man zelt vierzehnhundert Jar
Und vierundneunzig Jar fürwar
Nach des Herren Christi Geburt,
Ich Hans Sachs gleich geboren wurt
5 Novembris an dem fünften Tag,
Daran man mich zu taufen pflag,

---

1) Erschien als fliegendes Blatt wiederholt, in seinem Todesjahr 1576 mit seinem Bildnis. — 4 als einziges Kind des frommen und verständigen Schneiders Jörg Sachs. — 6 an demselben Tage wurde er auch getauft. — pflegen heißt nichts weiter als thun.

Gleich eben gerad in dem herben
Grausam und erschrecklichen Sterben,
Der regiert in Nürnberg der Stat.
10 Den Brechen auch mein Mutter hat
Und auch dazu der Vatter mein.
Got aber verschont mein allein.
Sibenjerig danach anfieng,
In die lateinisch Schule gieng.
15 Drin lernt ich Puerilia,
Grammatica und Musica
Nach schlechtem Brauch derselben Zeit.
Solchs als ist mir vergessen seit.
Neunjerig aber dreißig Tag
20 Ich an dem heißen Fieber lag.
Nachdem ich von der Schule kam
Fünfzenjerig, und mich annam,
Tet das Schumacherhantwerk lern,
Mit meiner Hantarbeit mich zu nern.
25 Daran da lernet ich zwei Jar.
Als mein Lerzeit vollendet war,
Tet ich meinem Hantwerk nach wandern
Von einer Statte zu der andern,

------

8 grausam (en). — 9 der Sterbe, schw. Subst., der Tod, die
Pest. 10 Brechen, Gebrechen, Seuche. Doch starben sie nicht daran.
— 13 (ich) anfieng. 14 von Erziehung und Unterricht handelt er
in einem andern Gedicht: Als ich in meinr kintlichen Jugent Wurt
zogen auf gut Sittn und Tugent Von mein Eltern auf Zucht und Er,
Desgleich hernach auch durch die Ler Der Preceptor auf hohen Schul,
So saßen auf der Künste Stul Der Grammatica, Rhetorica, Der Logica und
Musica, Arithmetica, Astronomia, Poetrei, Philosophia, Da mein sinreich
Ingenium Die Ler mit hohem Fleiß annnn, Da ich lert Kriechisch und
Latein, Artlich wol reden, war und rein. Rechnen lert ich auch mit Ver
stand, Die Ausmessung mancherlei Lant. Auch lert ich die Kunst der
Gestirn, der Menschen Geburt judiciern, Auch die Ertentnis der Natur
auf Erden, mancher Creatur Im Luft, Wasser, Fewer und Erden, Darzu
manch liebliches Seitenspil x. — 15 Puerilia, was sich für Knaben
paßt. 17 schlechtem, gewöhnlichem, allgemeinem. 18 als, alles.
seit, seitdem. — Doch war dieser Unterricht sicher nicht vergeblich ge
wesen, wie seine Vielseitigkeit beweist, wenn er auch nicht so viel Latein
gelernt hat, um die vielen Quellen, denen er seine Stoffe entnahm, in
der Ursprache zu lesen. — 22 mich annam, mir vornahm, nämlich
das Handwerk zu lernen.

Erstlich gen Regnsburg und Passau,
30 Gen Salzburg, Hall und gen Braunau,
Gen Wels, München und gen Lantshut,
Gen Deting und Burghausen gut,
Gen Würzburg und Frankfurt, darnach
Gen Coblenz, Cölen und gen Ach.
35 Arbeit also das Hantwerk mein
In Beiern, Franken und am Rein.
Fünf ganze Jar ich wandern tet
In dise und vil andre Stet.
Spil, Trunkenheit und Bulerei
40 Und andre Torheit mancherlei
Ich mich in meiner Wanderschaft
Entschlug und war allein behaft
Mit herzenlicher Lieb und Gunst
Zu Meistergsang, der löblichn Kunst,
45 Für all Kurzweil tet mich aufwecken.
Ich hat von Lienhart Nunnenbecken
Erstlich der Kunst einen Anfang:
Wo ich im Lant hört Meistergsang,
Da lernet ich in schneller Eil
50 Der Bar und Tön ein großen Teil;
Und als ich meines Alters war
Fast eben im zweinzigsten Jar,
Tet ich mich erstlich understan
Mit Gottes Hülf zu dichten an
55 Mein erst Bar im langen Marner,
„Gloria patri, Lob und Er",

Zu München, als man zelt zwar
Fünfzehnhundert vierzehen Jar.
Half auch daselbst die Schul verwalten,
60 Tet darnach auch selber Schul halten
In den Steten, wo ich hin kam,
Hielt die erst zu Frankfurt mit Nam.
Und nach zwei Jarn zog ich mit Glück
Gen Nürnberg, macht mein Meisterstück.
65 Nach dem wart mir vermehelt drin
Mein Gmahel Küngunt Kreuzerin,
Gleich an Sanct Egidientag
Den neunten Tag der Hochzeit pflag,
Als man gleich fünfzehnhundert Jar
70 Und neunzehen Jar zelen war.
Welche mir gebar siben Kind,
Die all in Got verschiden sind.
Und als man fünfzehnhundert Jar
Und auch sechzig Jar zelen war
75 Am sechzehentn Martii in Frid
Mein erste Gmahel mir verschid.
Als man zelt ein und sechzig Jar,
Am zwölsten Augusti fürwar
Wurd mir wider verheirat da
80 Mein andre Gmahel Barbara
Haricherin, und am Erichtag
Nach Sanct Egidien, ich sag,
War mein Hochzeit fein schlecht und stil.
Mit der leb ich, so lang Got wil.
85 Als man aber zelet fürwar
Geleich fünfzehenhundert Jar

---

57 zwar, fürwahr. — 59 „indem er eins der Ämter, die für das
öffentlich gehaltene Singen bestellt wurden, bekleidete." Tittmann. —
60 Als Vorstand in den öffentlichen Singschulen, nachdem er durch Er-
findung eines eignen Tons ein Meister geworden war. — 63 Aus An-
deutungen seiner Gedichte scheint hervorzugehen, daß er auch noch weiter,
in Norddeutschland herumgekommen. 1516 kehrte er zurück. — 65 ver-
mählt. — 67 Sanct Egidien, der 1. September. — 68 pflag (ich):
also: neun Tage darauf, am 3. Egidientag, verheiratete ich mich. —
70 zelen(d) war, sein mit dem Partizip. — 79 verheirat(et). —
81 Erichtag, „altheidnische Bezeichnung des 3. Wochentages, die noch
heut in Baiern üblich ist." (Grimm, D. Wörterb. III.

Und sibenundsechzig, ich sag,
Januarii am ersten Tag,
Meine Gedicht, Spruch und Gesang,
90 Die ich het dicht vor Jaren lang,
So inventiert ich meine Bücher,
Wurt gar ein fleißiger Durchsücher
Der Meistergsangbücher zumal,
Der warn sechzehen an der Zal.
95 Aber der Spruchbücher, der was
Sibenzehen, die ich durchlas.
Das achtzehent war angefangen,
Doch noch nit vollendt mit Verlangen.
Da ich meine Gedichte sant
100 Alle gschriben mit eigner Hant,
Die vier und dreißig Bücher mit Nam,
Darinnen summiert ich zusam
Erstlich die Meistergsang fürwar,
Der von mir sint gedichtet bar
105 In disen drei und fünfzig Jarn,
Darin vil schriftlicher Bar warn,
Aus alt und neuem Testament,
Aus den Büchern Mose vollent,
Aus den Figurn, Propheten und Gsetz,
110 Richter, Königbüchern, zuletz
Den ganzen Psalter in der Sum,
Die Bücher Machabeorum
Und die Sprüch Salomon hernach
Und aus dem Buch Jesus Sirach,
115 Epistln und Evangelion,
Auch aus Apocalypsis schon,
Aus dem ich allen vil gedicht

---

89 Diese Dingwörter werden nachher 91 durch „meine Bücher"
aufgenommen. — 90 gedichtet hatte. — 91 inventiert, durchsuchte.
Sachs hat selbst drei Foliobände Dichtungen durch Druck veröffentlicht
und einen vierten zusammengestellt. Der erste Band erschien schon 1558,
und 1560 in 2. Auflage. — 101 Von 34 handschriftlichen Bänden, die
er hinterließ, sind 20 auf uns gekommen. — mit nam, namentlich,
richtig, vollständig. — 104 bar, vor Augen, wirklich. — 106 schrift-
lich, aus der heiligen Schrift. 108 vollen(de)t. — Figurn, figür-
lich, bildlich auf Christus gedeutete Stellen des Alten Testaments. —
116 schon, Adv. von schön.

In Meistergsang hab zugericht
Mit kurzer Gloß und ir Auslegung
120 Aus guter chriftlicher Bewegung,
Einfeltig nach der Schrift Verstand,
Mit Gottes Hülf nun weit erkant
In teutschen Lant bei Jung und Alten.
Darmit vil Singschul werdn gehalten
125 Zu Gottes Lob, Rum, Preis und Glori.
Auch vil warhaft weltlich Histori,
Darin das Lob der Gutn erhaben
Wirt und der Argen Lob vergraben,
Aus den Gschichtschreibern zugericht.
130 Auch mancherlei artlich Gedicht
Aus den weisen Philosophis.
Darin ist angezeiget, wis,
Wie hoch Tugent zu loben sei
Bei menschlichm Gschlecht, und auch darbei,
135 Wie schentlich sint die groben Laster,
Alles Unglückes ein Ziehpflaster.
Dergleich viel poetischer Fabel,
Welche sam in einer Parabel
Mit verborgen verblümten Worten
140 Künstlich vermelden an den Orten,
Wie gar hochlöblich sei die Tugent
Beide bei Alter und der Jugent;
Dergleich, wie Laster sind so schentlich.
Darnach sind auch begriffen entlich
145 Schulkünst, Strafler, Logica, Renk,
Auch mancherlei kurzweilig Schwenk
Zu Frölichkeit der Traurign kommen,
Doch alle Unzucht ausgenommen.
In einer summa diser Bar,
150 Der Meistergsang aller war

- - -

119 Gloß, Verdeutschung, Erklärung. — 120 Bewegung, Be-
ratung, Überlegung. 122 erkant, wie im Mittelalter bekannt. —
127 erhoben. — 132 wis, wisse. — 136 Ziehpflaster, Zugpflaster;
was das Unglück herbeizieht. 138 sam, ebenso wie. — 145 Schul-
tunst, Gelehrtes. Strafler, Lehrhaftes, was zur Besserung der
Menschen dient. Renk, böse Anschläge. — 148 Unzucht, Zuchtlosigkeiten.
— 150 Die Zahl aller diser Meistergesänge.

Eben gleich zweinundvierzig hundert
Und fünfundsibnzig außgesundert,
Waren jetzt in zweihundert schönen
Und fünfundsibnzig Meistertönen.
155 Darunter sint dreizehen mein.
Solichs war als geschriben ein
In der sechzehn Gsangbücher Sum.
Die achtzehen Spruchbücher num
Ich auch her in die Hende mein,
160 Drin durchsucht die Gedicht allein.
Da sunt ich frölicher Comedi
Und dergleich trauriger Tragedi,
Auch kurzweiliger Spil gesundert.
Der war gleich achte und zweihundert,
165 Der man den meisten Teil auch hat
Gespilt in Nürenberg der Stat,
Auch andern Steten nach und weit,
Nach den man schicket meiner Zeit.
Nachdem sant ich darinnen frei
170 Geistlich und weltlich mancherlei
Gespräch und Sprüch von Lob der Tugent
Und guten Sitten für die Jugent;
Auch höflicher Sprüch mancherlei
Aus der verblümtn Poeterei,
175 Und auch von manchen weisen Heiden,
Von der Natur artlich, bescheiden;
Auch mancherlei Fabel und Schwenk,
Lecherlich Possen, seltzam Renk,
Doch nit zu grob und unverschemt,
180 Darob man Freud und Kurzweil nemt,
Jedoch dabei das Gut verste
Und alles Argen müßig ge.

155 alio eigener Erfindung, vgl. Denkm. III, 4 S. 84. — 158 num
= nahm; starke Abweichung um des Reims willen. — 167 nach, nah.
— Offenbar sorgten die Schulen der Meistersänger für Verbreitung,
und Leute wie Puschmann, der Schüler Sachsens, der selbst zur Förde-
rung der edlen Kunst umherreiste. Siehe Denkm. III, 4 S. 79. —
169 Beachte, wie der Dichter alles in Handlung auflöst! — 176 be-
scheiden, unterrichtet, verständig. — 182 alles Böse soll man bei Seite
lassen.

Diſer Gedicht ich alleſant
Tauſent und ſibenhundert ſant,
185 Doch ungeferlich iſt die Zal
Aus den Gedichten überal.

. . . .

Aber hie angezeigte Gedicht
220 Die ſind alle dahin gericht,
So vil mir ausweiſt mein Memori,
Zu Gottes Preis, Lob, Rum und Glori,
Und daß ſein Wort wert ausgebreit
Bei chriſtlicher Gmein ferr und weit
225 Geſangweis und gereimten Worten,
Und im Teutſchland an allen Orten
Bei Alter und auch bei der Jugent
Das Lob aller Sitten und Jugent
Wert hochgepreiſet und gerümt,
230 Dargegen veracht und verdümt
Die ſchentlichen und groben Laſter,
Die als Übels ſind ein Ziehpflaſter.
Wie mir das auch nach meinem Leben
Mein Gedicht werden Zeugnis geben.
235 Wann die ganz Summ meiner Gedicht
Hab ich zu eim Bſchluß zugericht
In meinem Alter, als ich war
Gleich alt zwei und ſibenzig Jar,
Zwei Monat und etliche Tag.
240 Darbei man wol abnemen mag,
Daß der Spruch von Gedichten mein
Gar wol mag mein Valete ſein,
Weil mich das Alter hart vexiert,
Mich druckt, beſchwert und carceriert,
245 Daß ich zu Ru mich billich ſetz
Und meine Gedicht laß zuletz

---

187 Im folgenden ſetzt Sachs die Aufzählung fort und ſpricht
von der Veröffentlichung durch den Druck. Siehe oben zu Vers 91. —
225 aus geſangweis iſt dem Sinne nach mit zu ergänzen. —
230 vertümen, verurteilen. — 232 ſiehe zu 136. — 235 wann,
denn. — 242 Der Dichter ſtarb aber erſt 1576 am Abend des 19. Ja-
nuars, nachdem er noch faſt bis zum Schluſſe ſeines Lebens gedichtet
hatte.

　　　Dem gutherzigen gemeinem Mon,
　　　Mit Gots Hülf sich besser darvon.
　　　Gott sei Lob, der mir sant herab
250　So miltiglich die Gottes Gab
　　　Als einem ungelerten Man,
　　　Der wedr Latein noch Kriechisch kan.
　　　Daß mein Gedicht grün, blü und wachs
　　　Und vil Frucht bring, das wünscht Hans Sachs.
　　　Anno salutis MDLXVII. am 1. Tag Januarii.

Wie in Hans Sachs die Gabe der Dichtkunst zum Durch=
bruch gekommen, berichtet er selbst genauer im Jahre 1536 in
dem Gedicht[1])

„Gesprech, die neun Gab der Muse oder Kunstgöttin
betreffend"

Es beginnt:

　　　Als man zelt fünfzehnhundert Jar
　　　Und dreizehene, als ich war
　　　Zu Wels in ganz blüender Jugent,
　　　Mein Sin sich her und wider wugent,
5　　Auf was Kurzweil ich solt begeben
　　　Forthin durchaus mein junges Leben
　　　Neben meiner Hantarbeit schwer,
　　　Die doch nützlich und erlich wer.

Er hatte im verflossenen Jahr mancherlei Untreue in der
Liebe, Schande und Reue, im Übermaß des Genusses und Spiels
manches Elend, selbst im Saitenspiel Verdruß gehabt, so daß
er dies alles verächtlich von sich gestoßen hatte. In dieser
Stimmung geht er vor dem Thor spazieren und legt sich träu=
mend im kaiserlichen Tiergarten nieder. Da hört er plötzlich ein
Geräusch und gewahrt aufblickend neun Weiblein zart und adelig.
Clio fragt ihn nach dem Grunde seiner Bekümmernis.

　　　Schamrot ein klein ich sie ansach,
10　　Als ich hört ir Anred so gütig,
　　　Fieng ich ein Herz und wart großmütig,

---

247 Mon, Mann. - 248 besser(e), nämlich er. — 253 Dichtung.
1) Hans Sachs, hrsg. von Keller Bd. VII. 202 fl. — 3 Wels
siehe oben S. 6 V. 31. — 4 hin und her schwanken. — 9 ein klein,
ein wenig. — 11 fieng, faßte; großmütig, voll Mut.

Sprang auf mein Fuß und neiget in
Und sprach: Ich hab Herz, Mut und Sin
Von allen Freuden abgewent,
15 Weil sie bringen ein bitter Ent
Und hab mich einsam hinterdacht
Nach einer Kurzweil hochgeacht,
Die mir doch Nutz und Ere brecht.

Die Musen geben sich ihm zu erkennen und versprechen,
ihn zu ihrem Diener aufzuziehen. Als sich Sachs nach der Art
dieses Dienstes erkundigt, erwidert Clio:

O Jüngling, dein Dienst sei,
20 Daß dich auf teutsch Poeterei
Ergebst durchaus dein Leben lang,
Nemlichen auf Meistergesang,
Darin man fürdert Gottes Glori,
An Tag bringst gut schriftlich Histori.

Und so zählt sie ihm noch die übrigen gebräuchlichen Dich=
tungen auf.

25 Das wird für dich ein Kurzweil gut,
Die dir giebt Freud und hohen Mut.
Dardurch wirst du in deinen Jarn
Stil, eingezogen und erfarn,
Bewaret vor vil Ungemach.
30 Auch folgt der Kunst die Ere nach,
Die ir hat viel gekrönt mit Lob.

Sachs hält sich für zu jung, unerfahren und unbegabt.
Weiß er doch von Ovid, daß die Poeten vom Himmel kommen.
Clio aber teilt ihm mit, daß sie ihn mit ihren neun Gaben
beschenken wollen, wie sie vordem vielen Dichtern, auch deutschen
wie Hans Foltz[1]), gethan haben. Er fällt auf die Knie und empfängt
von Clio

Ein bestendig, volkummen Willen
Zu diien löblichen, subtilen
Künsten gemelter Poeteri.

---

1) Ein seinerzeit sehr beliebter, von uns weniger geschätzter
Schwankdichter, lebte um 1480 als Wundarzt in Nürnberg. — 12 in,
vor ihnen. — 16 nachgedacht. — 17 hochgeacht(et) war der Meister-
gesang. — 24 schriftlich siehe oben S. 8 zu V. 106. — 31 ir vil,
viele von ihnen. — 34 gemel(de)ter.

Euterpe giebt ihm Lust und Begir,
35 Wolgefallen, Lieb, Freud und Gunst
Zu diser hochgelobten Kunst,
Darin du dich forthin erfreust,
Darmit al Traurigkeit zerstreust.
Melpomene hohen Fleiß,
An Mühe und Arbeit gar kein Sparung,
40 Anhalten mit Hören und Lesen,
Bis du ergreifst ir ganzes Wesen.
Thalia sagt:
Greifs kecklich an! hab kein Betrübung!
So du bringst in tegliche Übung,
Ein Stück dem andern beut die Hent,
45 Wie du erfaren wirst am Ent.
Polimnia: Ein Nachdenken ich dir gib,
Ein Bewegen und Reguliern,
Ein Austeilen und Ordiniern
Einer jeden Materien Sum,
50 Wer, was, wie, wo, wenn und warum.
Erato: Ich gib dir Scherf und Vernunft
Zu erfinden und speculiern,
Zu mindern und zu appliciern
Nach rechter Art jeden Sentenz
55 Durch vernünftig Experienz.
Therpsicore: So gib ich dir Unterscheit,
Eins jeden Dings ware Erkenntnis,
Durch ein klare, lautre Verstendnis
Alle Ding grüntlich zu probiern,
60 All Materi zu judiciern.
Urania: Himlisch Weisheit gib ich hernach,
Das Gut aus Bösem zu erweln,
Das Unnütz vom Nützen zu scheln,
Auf daß gut poetisch Gedicht
65 Durch faul Sentenz nit werd vernicht.
Caliope giebt ihm
Ein Stilum, den Weisen gesellig,
Ein Aussprechen süß und holdselig,

---

50 Bei Erfindung und Disposition des Stoffes soll er sich der
bekannten Fragen der Rhetorik quis, quid etc. bedienen. — 65 vernicht(et).

Verstendig, deutlich, on als Stamlen.
Mit schönen lustigen Preamlen
70 Werden all dein Gedicht geziert,
Frei springend, wo man die scandiert.
Clio verlangt nun zum Schluß das Gelöbnis:
Nemlich, daß al deine Gedicht
Zu Gottes Er werden gericht,
Zu Straf der Laster, Lob der Tugent,
75 Zu Lere der blüenden Jugent,
Zu Ergetzung trauriger Gmüt.

und verspricht, den Dichter mit unvergänglichen Ehren zu krönen.

Es springt in die Augen, daß Goethe in „Hans Sachsens
poetischer Sendung" sich an dies, wie es scheint, wenig bekannte
Gedicht angeschlossen und ihm einige Motive entlehnt hat.

Sachsens Versbau beruht auf der Silbenzählung. Das Ge-
fühl für den Rhythmus war verloren gegangen. Die Meister-
sänger hielten sich daher nur an das Äußerlichste der überliefer-
ten Versmaße und fanden das Wesentliche nur in der Anzahl
der Silben ohne Rücksicht auf Hebung und Senkung, auf betonte
und unbetonte Silben. Vgl. Denkmäler III. 4 S. 5. In den
unstrophischen Gedichten enthält der Vers stumpf gereimt acht,
klingend neun Silben. Um dies zu erreichen sind oft die Worte
stark gekürzt. Die Reimworte sind häufig verändert, um reinen
Reim zu erhalten. Vielfach beruht dies freilich auf Sachsens
Mundart, in welcher mancher Reim rein klang, den wir für
unrein erachten.

Den folgenden Texten liegt die Folioausgabe von 1558,
die noch unvollendete Gesamtausgabe von A. v. Keller und
E. Goetze (Stuttgarter lit. Verein) und die der Fasnachtspiele
von Edm. Goetze (Halle, Niemeyer) zu Grunde. Verglichen ist
ferner die Auswahl von Goedeke=Tittmann (Leipzig, Brockhaus)
und die von Arnold (Stuttgart, Spemann). Die Wortformen
sind dem Original treu entnommen, so daß der Schüler selbst

68 als, alles. — 69 Preamel oder Priamel, eine lehrhafte,
im Mittelalter beliebte Dichtungsart von komischer Wirkung. Vgl.
Denkm. II. 1 S. 93. — 71 frei springend, von der leichten Be-
wegung des Rhythmus.

vergleichen kann, wie sich des Dichters mitteldeutsche (fränkische) Mundart zur entstehenden neuhochdeutschen Schriftsprache verhält; die Luther=Ausgabe giebt dazu weiteren Stoff an die Hand. Siehe Denkm. III, 3 S. 217 fl. die ausführliche Übersicht über Luthers Sprache von Neubauer. Dagegen ist die Schreibung der Wörter von den Auswüchsen der Konsonantenhäufung u. a. gereinigt und vereinfacht und das Dingwort mit großen An= fangsbuchstaben geschrieben, damit den Schüler nicht das allzu fremde Wortbild vom Verständnis gar zu sehr abziehe.

Zum Schluß verweisen wir auf August Hagens „Norica das sind Nürnbergische Novellen aus alter Zeit" (Leipzig, J. J. Weber), wo sich eine gute Schilderung der Verhältnisse Nürnbergs im 16. Jahrhundert und besonders einer Singe= schule findet.

I.

Wider den blutdürstigen Türken.

1532.

1. Her Got in deinem Reiche
Im allerhöchsten Tron,
Schau an, wie grausamliche
Der Türk facht wider on,
Verfolgt die Kristenheite
Mit Gfengnus, Mort und Brant
Jetzund in dieser Zeite
Durch das ganz Ungerlant.

2. Das Lantvolk leidet Note
Bis an das Mehrerlant
Von der streifenden Rotte,
Die allda hat verbrant
Sibenzig Dörfer mere
Und alles Volk darin
On alle Gegenwere
Ermört, gefüret hin.

3. Und tut stets fürbas streifen
Im ganzen Lant herauf
Und ist noch weiter greifen,
Und wo der gwaltig Hauf
Eilents hernach wirt rücken,
Als er auch vormals hat
Beweist mit Hintertücken,
Zu Wiene vor der Stat.

I. Auch Luther hatte im Jahre 1528 Vom Krieg wider die Türken geschrieben und die Fürsten wie das ganze Reich gemahnt, sich einig unter dem Banner des Kaisers zu scharen. Im darauf folgenden Jahre war seine Heerpredigt wider den Türken erschienen. — 1,4 facht, fängt. — 2,2 Mähren. — 2,8 ermört, ermordet. — 3,3 siehe S. 7 zu V. 70 greift weiter. — 3,5 hernach, hinterher. — 3,7 beweisen ist urspr. schwach.

4. Wo der im Lant erobert
Die Haubtstet in der Eil
Und das Geschoß erkobert,
So hat er den Vorteil,
Das er ganz teutsches Lande
Damit ellent verwüst
Mit Mörden und mit Brande,
Das Got erbarmen müst.

5. O großmechtiger Keiser,
Karel der fünft mit Nam,
Ein gewaltiger Reiser
Von keiserlichem Stam!
Erzeig keiserlich Mechte
An dem türkischen Her,
Das die Cristen durchechte,
Durch keiserliche Er.

6. Erschwing das dein Gesider,
Du teurer Adaler,
Durch des Reiches Gelider;
Nach küner Heldes Ger
Würf auf des Reiches Fanen,
Samel ein Here groß
Mit auserwelten Mannen
Zu Fuß und auch zu Roß.

7. Wach auf, du heiligs Reiche,
Und schau den Jamer on,
Wie der Türk grausamliche
Verwüst die ungrisch Kron!
Sei einig unzuteilet,
Greif tapfer zu der Wer,
E du werst übereilet
Von dem türkischen Her.

8. O du löblicher Bunde
In Schwaben, tu darzu,

4,3 eroberen, gewinnen, vielleicht aus recuperare. — 5,3 Reiser, Krieger, von Reise, Feldzug. — 5,7 durchaechten, verfolgen. Siehe V 425. — 5,8 um deiner kaiserlichen Ehre willen. — 6 beachte die altertümlichen Formen und Verbindungen: 6,2 Adal=ar. — 6,4 Ger, Begehr. — 7,5 unzerteilet. — 7,7 werst, werdest.

Auf das der türkisch Hunde
Nicht weiter fressen tu.
Wan es ist hohe Zeite,
Das man im komme bei.
In Recht und Billigkeite
Treibt er groß Tirannei.

9. Ir durchleuchtigen Fürsten
Ganz teutscher Nation,
Lat euch nach Eren dürsten:
Bringt keiserlicher Kron
Aus eurem Fürstentume
Ein reisig Zeug zu Felt.
Erlanget Preis und Rume
Vor Got und vor der Welt.

10. Ir Lantherren und Grafen,
Secht, wie der Türk gewint.
Greist tapfer zu den Wafen
Mit eurem Hofgesint.
Komt in das Her geritten
Zu keiserlicher Macht,
Das der Türk werd bestritten,
Erlegt mit großer Schlacht.

11. O strenge Ritterschafte
Ganz teutscher Nation,
Ueb ritterliche Krafte
An ungerischer Kron.
Beschütz Witwen und Weisen,
Als dir dan zugehört,
Der in des Türken Reisen
On Zal werden ermört.

12. Wach auf, du teutscher Adel,
In Eren stet und fest,
An Manheit hetst nie Zadel,
Tu in Ungarn das Best.

9,5 reisig von Reise 5,3. Zeug, Gerät, Ausrüstung, dann: aus
gerüstete Kriegerschar. Oft bei Luther, vergl. 1. Samuelis 17, 8 flg. —
11,6 wie es dir denn gebürt. — 11,7 der · deren, abhängig von on
Zal, deren viele. — 11,8 ermordet. — 12,3 Zadel, Gebrechen, Mangel.

2*

Errett die zarten Frauen
Und auch die kleinen Kint
Werden ermört, zerhauen
Vom argen Türken blint.

13. Ir Bischof und Prelaten,
Schickt auch den euren Teil,
Getreit, Volk und Ducaten,
Dem Cristenvolk zu Heil.
Hirten seit ir gesetzet
Der cristlichen Hert,
Die wird sehr hart gesetzet
Von des Tirannen Schwert.

14. Ir Reichstet all geleiche,
Nu schickt euch in das Felt
Mit dem römischen Reiche,
Mit Gschoß, Pulver und Zelt.
Laßt euer Macht erscheine
Im keiserlichen Her
Mit Fußvolk, und nit kleine
Erwerbet Preis und Er.

15. Ir cristlichen Regenden
Durch alle Königreich
In geistlich, weltlich Stenden,
Was Cristen sint gleich,
Aus aller Natione
Wie ir seiet genant:
Dem Keiser tut beistone
Ein Zug ins Ungerlant.

16. Frisch auf, ir Reitersknaben,
Manch wunderküner Mon,
Lat eure Rößlein traben
Mit keiserlicher Kron.
Tut euer Glenen brechen

12,7 Übergang einer Konstruktion in die andere: welche ermordet
werden. — 13,6 Hert, Herde. — 13,7 gesetzet, verletzt. — 14,1 Reich=
städte. — 14,5 erscheinen, sichtbar werden. — 15,8 beistehen einen
Zug, ist Acc. des Maßes, der Zeit: wie: komm mit mir eine Meile.
— 16,2 Mon, Mann. — 16,5 die Glên, zusammengezogen aus
Glevin (frz. glaive, lat. gladius), Lanze.

Mit der türkischen Rott,
Tut an den Hunden rechen
Manch unschuldigen Tot.

17. Wolauf, ir Hauptleut gute,
Remet vil Landsknecht on,
Fürt sie mit freiem Mute
Zu der ungrischen Kron.
Und seit gut Anschleg machen
Bei Nacht und auch bei Tag,
Fürsichtig in den Sachen,
Das man den Türken schlag.

18. Ir Büchsenmeister alle,
Nun rüst euch, es ist Zeit,
Ins Ungerlant mit Schalle
Zu Sturme und zu Streit.
Lat eure Hauptstück hören
Durch Berg und tiefe Tal,
Den Türken zu verstören,
Der sich regt abermal.

19. Ir freien Büchsenschützen,
Nun machet euch herbei,
Lat euch an Türken nützen
Mit Pulver und mit Blei.
Lat euer Hantgschütz knellen
Wol in des Türken Her,
Ob ir in möcht gesellen,
Erlangen Preis und Er.

20. O ir frommen Landsknechte,
Macht euch bald in das Felt.
Des Krieges habt ir Rechte
Vor Got und vor der Welt.
Mit Spieß und Hellenbarten
Greifet den Türken an
Und tut sein tapfer warten,
Als ir vor habt getan.

17,5 seit machen, vergl. oben S. 7 zu V. 70. — 18,2 rüst(et).
— 18,5 Kanonen. — 19,3 an T. gegen den Türken. — 20,7 warten,
ausschauen nach, beobachten. — 20,8 vor, vordem.

21. Spant an, ir lieben Bauren,
    Die Herwegen allſant.
    Lat euch kein Mü nit dauern
    Zu füren die Probant
    Mit Harniſch, Wer und Spießen.
    Die Wegen nützt man mer:
    Ein Wagenburg zu ſchließen
    Um das keiſerlich Her.

22. O keiſerliches Here,
    Halt criſtlich Maß und Zil,
    Nicht zutrink oder ſchwere,
    Und hüt dich vor dem Spil.
    Kein Frauen tu nicht ſchenden
    Und nim Niemant das ſein.
    Laß dich kein Geiz nicht blenden,
    Leb deines Solds allein.

23. Und laß Got alles walten
    Dem Criſtenvolk zu Schutz,
    Und treulich zu erhalten
    Das Reich und gmeinen Nutz,
    Und das teutſch Vaterlande
    Zu retten in der Not
    All von des Türken Hande,
    Und hoff allein zu Got.

24. Und wirſtu alſo leben
    In dem türkiſchen Krieg,
    So wird Got warlich geben
    Dir veterlichen Sieg,
    Für dich gewaltig ſtreiten
    In dieſer großen Quel,
    Als er oft tet vor Zeiten
    Seinem Volk Iſrael.

21,2 Herwegen, Heerwagen. — 21,4 die Probande, md. für
proiant (lat. providenda), Proviant. — 22,3 Sachs erzählt öfter von
dem unmäßigen Zutrinken der Landsknechte, z. B. in „Der Teufel läßt
kein Lantsknecht mer in die Helle faren", und ihr tolles Fluchen (ſchwe=
ren) iſt bekannt. — 24,1 wirſtu, eine ſchon im Mittelalter gebräuch-
liche Zuſammenziehung. — 24,4 veterlichen, Adverb. — 24,6 Quel,
Qual.

25.   Jr Cristen auserkoren,
Ruft einmütig zu Got,
Das er ablaß sein Zoren,
Helf uns aus aller Not,
Verzeih uns Sünt und Schulde,
Die der Plag Ursach sen,
Geb uns Genad und Hulde.
Nun sprecht alle Amen!

25,6 jen, sind.

II.

Die Wittembergisch Nachtigall,
Die man ietzt höret überall.

1523.

Holzschnitt: Links die helle Sonne, darunter im Hintergrunde das Lamm mit der Fahne, von Schafen umgeben. Rechts der erbleichende Mond in Wolken, darunter die Wildnis. In der Mitte ein Baum, auf welchem eine Nachtigal, darunter der Löwe von vielen Tieren umringt. Unterschrift: Ich sage euch, wo dise schweigen, so werden die Stein schreien. Luc. 19.

Wach auf! es nahent gen dem Tag.
Ich hör singen im grünen Hag
Ein wunigliche Nachtigall,
Ir Stim durchklinget Berg und Tal.
5 Die Nacht neigt sich gen Occident,
Der Tag get auf von Orient.

II. Seit 1520 hatte Sachsens Dichtung geruht. „Gewiß vertiefte er sich währenddem in allen seinen Mußestunden in die Lehre Luthers. Schon war eine Menge von Flugschriften zu Gunsten der reformatorischen Bewegung erschienen, die das Feuer des allgemeinen Kampfes schürten. Denn hoch und niedrig, Laien und Priester, die Gemüter des gesamten Volkes waren aufs tiefste ergriffen. Schon predigten in Nürnberg Hector Pörner, bald Andreas Osiander und Dominitus Schlempner im evangelischen Sinne. Sachs wollte sich klipp und klar mit der neuen Lehre auseinander setzen. In seinem Wesen war er zu ernst angelegt, als daß er etwa seine bisherigen religiösen Anschauungen wie ein abgetragenes Kleid ablegen und mit einem neuen hätte vertauschen können. Er hatte innig und treu geglaubt und verehrt, was jetzt der Augustiner-mönch mit heiliger Entrüstung tadelte und verurteilte. Um zur Klarheit zu gelangen, bedurfte es bei Sachs langen inneren Ringens. Nachdem er sich aber entschieden hatte, war seine Begeisterung für Luther und die Reformation um so nachhaltiger. 1522 besaß Sachs schon 40 Sermon und Traktätlein Luthers. 1523 tagte in Nürnberg der Reichs-tag, auf welchem der Papst Hadrian VI. die Unterdrückung der Luthe-rischen Ketzerei verlangte." (Goetze.) „Die Wittembergisch Nachtigall" war die Antwort darauf.

1 nähenen, Nebenform von nähen, unpersönlich gebraucht.

Die rotbrünstige Morgenröt
Her durch die trüben Wolken get,
Daraus die liechte Sunn tut blicken.
10 Des Mondes Schein tut sie verdrücken.
Der ist ietzt worden pleich und finster,
Der vor mit seinem falschen Glinster
Die ganzen Herd Schaf hat geblent,
Das sie sich haben abgewent
15 Von irem Hirten und der Weid
Und haben sie verlassen beid,
Sind gangen nach des Mondes Schein
In die Wildnis den Holzweg ein,
Haben gehört des Löwen Stim
20 Und sint auch nachgefolget im,
Der sie gefüret hat mit Liste
Ganz weit abwegs tief in die Wüste.
Da habens ir süß Weid verloren,
Hant gessen Unkraut, Distel, Doren.
25 Auch legt in der Löw Strick verborgen,
Darein die Schaf fielen mit Sorgen.
Da sie der Löw dann fand verstricket,
Zuriß er sie, darnach verschlicket.
Zu solcher Hut haben geholfen
30 Ein ganzer Hauf reißender Wolfen,
Haben die elent Hert besessen
Mit Scheren, Melken, Schinden, Fressen.
Auch lagen viel Schlangen im Gras,
Zogen die Schaf on Unterlaß
35 Durch all Gelid biß auf das Mart.
Des wurden die Schaf dürr und ark
Durch aus und aus die lange Nacht;
Und sint auch allererst erwacht,
So die Nachtigall so hell singet
40 Und des Tages Gelenz her dringet,

10) Schein ist Objekt. — 12 Glinster, Glanz. — 13 geblen(de)t.
— 19 Löwe mit Anspielung auf Papst Leo. — 23 haben sie. —
28 zuriß, zerriß. — verschlicken — verschlucken, verschlingen. —
29 Hut, Behütung, ironisch. — 31 elende Herde. — 35 Gelid Ntr.
Plur. Glieder. — 36 art, schlecht. — 39 so, da, seitdem. — 40 der
Glanz, die Glenze, Glanz, Schimmer.

Der den Löwen zu kennen geit,
Die Wölf und auch ir falsche Weit.
Des ist der grimmig Löw erwacht.
Er lauret und ist ungeschlacht
45 Über der Nachtigall Gesang,
Das sie meldt der Sonnen Aufgang,
Davon sein Königreich Ent nimt.
Des ist der grimmig Löw ergrimt,
Stelt der Nachtigall nach dem Leben
50 Mit List vor ir, hinden und neben.
Aber ir kan er nit ergreifen.
Im Hag kan sie sich wol verschliefen
Und singet frölich für und für.
Nun hat der Löw viel wilder Tier,
55 Die wider die Nachtigall blecken,
Waldesel, Schwein, Böck, Katz und Schnecken.
Aber ir Heulen ist als fel,
Die Nachtigall singt in zu hel
Und tut sie all ernider legen.
60 Auch tut das Schlangengzücht sich regen.
Es wispelt fer und widerficht,
Und förchtet fer des Tages Licht.
In wil entgen die elent Hert,
Darvon sie sich haben genert
65 Die lange Nacht und wol gemest,
Loben, der Löw fei noch der best,
Sein Weib die fei füß unde gut,
Wünschen der Nachtigall die Glut.
Desgleichen auch die Frösche quaken
70 Hin und wider in iren Laken
Über der Nachtigall Gedön,
Wan ir Wasser wil in entgen.
Die Wildgens schreien auch gagag

---

41 geit = giebt, erkennen läßt. — 42 Weit, Weide. — 50 überall,
wo er nur kann. — 51 ir nit, nichts von ihnen. — 52 sich verschlie=
fen, wegschlüpfen. — 55 blecken, die Zähne zeigen; siehe V. 91. —
57 fel. Wie unser adv. fehl geschossen, etwas geht fehl, vergl. unten
V. 461. — als = alles. — 59 darnieder. — 63 in, ihnen. — 65 ge=
mästet. — 68 vergl. V. 82. — 70 die Lache, Pfütze. — 72 wann,
denn. Wenn die Sonne scheint, vertrocknen die Froschpfuhle.

Wider den hellen liechten Tag,
75 Und schreien in gemeine all:
Was singet Neus die Nachtigall?
Verkündet uns des Tages Wunn,
Sam macht allein fruchtbar die Sunn,
Und verachtet des Mondes Glest.
80 Sie schwieg' wol still in irem Nest,
Macht' kein Aufrur unter den Schafen.
Man solte sie mit Feuer strafen.
Doch ist dis Mortgschrei als umbsunst:
Es leuchtet her des Tages Prunst,
85 Und singt die Nachtigall so klar,
Und ser vil Schaf an diser Schar
Keren wider aus diser Wilde
Zu irer Weid und Hirten Milde,
Entlich melden den Tag mit Schall
90 In Maß recht wie die Nachtigall,
Gen den die Wölf ir Zen tun blecken,
Jagen sie ein in die Dornhecken
Und martern sie bis auf das Blut
Und droen in bei Feuers Glut,
95 Sie sollen von dem Tage schweigen.
So tunt sie in die Sunnen zeigen,
Der Schein Niemand verbergen kan.
Nun das ir klärer möcht verstan,
Wer die lieblich Nachtigall sei,
100 Die uns den hellen Tag ausschrei:
Ist Doctor Martinus Luther,
In Wittemberg Augustiner.
Der uns aufwecket von der Nacht,
Darein der Monschein uns hat bracht.
105 Der Monschein deut die Menschenler
Der Sophisten hin und her,
Innerhalb der vierhundert Jaren.

75 insgemein, zusammen. — 78 sam, als ob. — 79 Glast,
Glanz. — 80 sie schwiege besser still. — 83 als, alles. — 84 Prunst
von brennen, Tageslicht. — 90 in Maß wie, in gleicher Weise wie. —
91 gen den, gegen welche; Zen, Zähne. — 96 so, dagegen. — in,
ihnen. — 97 der, deren. — 100 schrei, starkes Praeteritum — 107
Die Scholastik vom 12. bis 15. Jahrhundert.

Die sind nach ir Vernunft gefaren
Und hant uns abgefüret fer
110 Von der evangelischen Ler
Unseres Hirten Jesu Christ
Hin zu dem Löwen in die Wist.
Der Löwe wirt der Bapst genent,
Die Wüst das geistlich Regiment,
115 Darin er uns hat weit verfürt,
Auf Menschenfunt, als man ietzt spürt.
Damit er uns geweidnet hat,
Deut den Gotsdienst, der ietzund gat
In vollem Schwank auf ganzer Erden
120 Mit Mönnich, Nonnen, Pfaffen werden,
Mit Kutten tragen, Kopf bescheren,
Tag und Nacht in den Kirchen pleren
Metten, Prim, Terts, Vesper, Complet,
Mit Wachen, Fasten, langen Bet,
125 Mit Gerten hauen, creuzweis ligen,
Mit Knien, Neigen, Bucken, Bigen,
Mit Glocken leuten, Orgel schlagen,
Mit Heiltum, Kerzen, Fanen tragen,
Mit Reuchern und mit Glocken taufen,
130 Mit Lampen schüren, Gnad verkaufen,
Mit Kirchen, Wachs, Salz, Wasser weien;
Und des geleichen auch die Leien
Mit Opfern und den Lichtlein brennen,
Mit Walfart und den Heiling dinen,
135 Den Abent fasten, den Tag feiren,
Und beichten nach der alten Leiren,

---

109 ferre, fer, ältere Form für fern. — 113 In einigen
Drucken geradezu der Leo, mit Beziehung auf Leo X. — 116 Men-
schenfund, was Menschen finden, erdenken. — 117 weidenen, Neben-
form für weiden. — 119 in allgemeinem Gebrauch. — 122 plärren.
— 123 Es sind gewöhnlich sieben Tagezeiten oder Gebetsstunden (horae
canonicae): hier fehlen sexta und nona. Mette = matutina. Com-
plet = completorium. — 124 Bet, Gebet. — 125 Mit ausgestreckten
Armen zum Gebete niederfallen, wie die Christen im Rolandsliede. —
128 Heiltum, Sacrament, Reliquie. — 130 Die ewigen Lampen,
welche einem Heiligen zu Ehren angezündet wurden, in Brand erhalten.
— 134 Heiligen.

Mit Bruderschaft und Rosenkrenzen,
Mit Ablaß lesen, Kirchen schwenzen,
Mit Pacem küssen, Heiltum schauen,
140　Mit Meß stiften und Kirchen bauen,
Mit großem Kost die Altar zieren,
Tasel auf die welichen Manieren,
Samate Meßgewand, Kelich gülden,
Mit Monstranzen und silbern Bilden,
145　In Clöster schaffen Rent und Zinst.
Dis alles heist der Bapst Gotsdinst,
Spricht, man verdient damit den Himel
Und lös mit ab der Sünden Schimel.
Ist doch als in der Schrift ungründ,
150　Eitel Gedicht und Menschenfünd,
Darin Got kein Gefallen hat.
Matthei am fünfzehnden stat:
Vergebenlich dienen sie mir
In den Menschengesetzen ir.
179　Unzal hat der Bapst solcher Bot,
Der doch keins hat geboten Got.
193　　Nu last uns schauen nach den Wolfen,
Die dem Bapst han darzu geholfen,
Zu füren solche Tyrannei:
Bischof, Brobst, Pfarrer und Aptei,
All Prelaten und Selsorger,
Die uns vorsagen Menschenler
Und das Wort Gottes unterdrucken,
200　Komen mit vor gemelten Stucken.
Und wenn mans bei dem Liecht besicht,
Ist es als auf das Gelt gericht.

---

138 schwenzen = schwanzen, sich zierlich hin- und herbewegen, einherstolzieren. — 139 „Pax ist ein Metallplättchen, gewöhnlich mit dem Bilde des Lammes geziert, welches der fungierende Priester während des Gesangs des Agnus dei küßt und auch der Gemeinde zum Küssen reichen läßt." Tittmann. — 141 Kost, Aufwand. — 142 Diese wie die folgenden Substantiva stehen außer der Konstruktion. — Tasel, Italienische Altargemälde. — 143 samate, samtene. — 144 silbern(en). — 145 den Klöstern Einnahmen verschaffen. — 149 ist doch alles in der Schrift nicht begründet. — 151 kein(en). — 152 Matth. 15, 9. Vergeblich dienen sie mir, dieweil sie lehren solche Lehren, die nichts denn Menschengebote sind. — 179 (Ge)bot(e). — 200 gemel(de)ten.

Man muß Gelt geben von dem Taufen,
Die Firmung muß man von in kaufen,
205 Zu Beichten muß man geben Gelt,
Die Meß man auch umb Gelt bestelt,
Das Sacrament muß man in zalen.
Hat man Hochzeit, man geit in allen.
Stirbt eins, umb Gelt sie es besingen.
210 Wers nit wil tun, den tun sie zwingen.
244 Darnach kompt ein ersame Schar,
Heist man zu teutsch die Romanisten,
Mit großen Ablasbullenkisten,
Richten auf rote Creuz mit Fanen
Und schreien zu Frauen und Mannen:
Legt ein! gebt euer Hilf und Steur
250 Und löst die Sel aus dem Fegfeur!
Bald der Gülden in Kasten klinget,
Die Sel sich auf gen Himel schwinget.
Wer unrecht Gut hat in seim Gwalt,
Dem helfen sie es ab gar bald.
255 Auch gebens Brief für Schuld und Pein.
Da legt man in zu Gulden ein.
Der Schalkstrick sein so mancherlei.
Das heist mir römisch Schinterei.
Fürbas merket von den Bischöfen,
Wie es zuge an iren Höfen.
274 Auch wie sie umbgent mit dem Ban,
Wie sie in bschweren und verneuren,
Auch wie das arme Volk sie steuren.
Auch mit dem Wilt und dem Gejeit
Tunt sie in schaden am Getreit.

---

204 Firmung oder Firmelung ist die bischöfliche Einsegnung
derer, welche das erste Abendmahl genossen haben. — 207 in, ihnen.
— 208 geit, giebt. — 209 besingen, bei der kirchlichen Begleitung
der Leiche. — 245 Romanisten, Römlinge. Am Rande steht: Ablaß-
trämer. O das Christus bald tene und jagt Kaufer und Verkaufer us
dem Tempel. Matth. 21. — 246 Über den Ablaßhandel siehe Luther
in Denkmäler III, 2 S. 41 fl. — 251 bald, sobald. — 254 indem sie
es für die Kirche nehmen. — 255 Ablaßbriefe. — 256 zu Gulden,
guldenweise. — 257 sein, alte richtige Form der 3. plur. praes. vgl.
V. 432 und S. 23 Str. 25,6. — 273 zugehe. — 277 Jaget wird
Zeit, wie jaget seit, Maget Meid und Getreide aus tragen.

Halten Rauber in iren Flecken,
280 Die rauben, morden, stöcken, plecken.
Auch füren Bischof Krieg mit Trutz,
Vergießen viel christliches Bluts,
Machen ellend Witwen und Weisen,
Dörfer verbrennen, Stet zureißen,
285 Die Leut verderben, schatzen, pressen.
Ich mein, das heiß die Schaf gefressen.
Christus solch Wolf verkündet hat,
Matthei am sibenden es stat:
Secht euch für vor falschen Propheten,
290 Die in Schaftleidern herein treten!
Inwendig reißend Wölf ers nennet,
An iren Früchten sie erkennet!
308 Die Schlangen, so die Schäflein saugen,
Sind Mönnich, Nonnen, der faul Haufen,
Die ire gute Werk verkaufen
Umb Gelt, Käs, Eier, Liecht und Schmalz,
Umb Hüner, Fleisch, Wein, Koren, Salz,
Damit sie in dem Vollen leben
Und samlen auch groß Schetz darneben.
326 Hant uns den Glauben nie erklert
In Christo, der uns selig macht.
Diser Mangel bedeut die Nacht,
Darin wir alle irr sint gangen.
330 Also hant uns die Wölf und Schlangen
Bis in das vierthalbhundert Jar
Behalten in ir Hut fürwar
Und mit des Bapst Gewalt umtriben,
Bis Doctor Martin hat geschriben
335 Wider der Geistlichen Mißbrauch
Und widerumb aufdecket auch
Das Wort Gottes, die heilig Schrift

---

280 stocken, in den Stock, ins Gefängnis bringen; plecken
blocken, in den Block legen. — 284 zureißen, zerreißen. — 291 ers,
er sie. — 310 indem sie sagen, daß, wer ihnen etwas gebe, am Schatze
ihrer guten Werte teil habe. — 335 Allgemein von seinen Schriften
gemeint. Eine Schrift dieses Titels giebt es nicht. Man könnte zu
nächst an seine Thesen denken. Vgl. Denkmäler III 2 S. 48. —
337 Das Neue Testament war ein Jahr vorher erschienen.

Er müntlich und schriftlich ausrist
Jn vier Jaren bei hundert Stucken
340 Jn teutscher Sprach und lat sie drucken.
Das man verstet, was er tut leren,
Wil ich kurzlich ein wenig erkleren.
Gottes Gesetz und die Propheten
Bedeuten uns die Morgenröten.
345 Darin zeigt Luther, das wir al
Miterben seien Adams Fal
Jn böser Begier und Neigung.
Deshalb kein Mensch dem Gsetz tut gnung.
Halt wirs schon auswendig im Schein,
350 So ist doch unser Herz unrein
Und zu allen Sünden geneiget,
Das Moses ganz klerlich anzeiget.
Nun seit das Herz dan ist vermeilet
Und Got nach dem Herzen urteilet,
355 So sei wir al Kinder des Zoren,
Verflucht, verdammet und verloren.
Wer solches im Herzen empfint,
Den nagen und beißen sein Sünt
Mit Trauren, Angst, Forcht, Schrecken, Leit
360 Und erkent sein Unmöglichkeit.
Dan wirt der Mensch demütig ganz.
So dringet her des Tages Glanz,
Bedeut das Evangelium,
Das zeiget den Menschen Christum,
365 Den eingebornen Gottes Son,
Der alle Ding für uns hat ton,

---

338 rüesen, schw. Verbum, = rusen, verkündigen. — 339 Luthers Schriftstellerei reicht zwar über das Jahr 1517 zurück, doch hatten die letzten vier Jahre die eigentlich reformatorischen Schriften gebracht. Jn der That zählt Köstlin bis zum Jahre 1523 an 100 Titel auf, von denen H. Sachs schon 40 besaß: s. oben S. 24. — 343 fl. Man beachte die kurze aber genaue Summa der evangelischen Lehre: Gesetz, Sünde, Reue und Büße, stellvertretende Genugthuung Christi, Glaube, Vergebung der Sünden, Heiligung, Friede des Herzens, die guten Werke. — 349 auch wenn wir es scheinbar äußerlich halten. — 353 dann vermeilen, davon beflecken. — 355 sei wir mit Abwerfung des n = wir sind, siehe IV 214., V 88. — 360 Ohnmacht, Unfähigkeit sich selbst zu helfen.

Das Gsetz erfült mit eignem Gwalt,
Den Fluch vertilgt, die Sünt bezalt,
Und den ewign Tot überwunden,
370 Die Hell zerstört, den Teufel bunden
Und uns bei Got erworben Gnat,
Als Johannes gezeiget hat
Und Christum ein Lamb Gots verfünt,
Das hin nimt aller Welte Sünt.
375 Auch spricht Christus, er sei nit kommen
Auf Ert den Gerechten unt Frommen,
Sondern den Sündern; er auch spricht,
Der Gsund bedörf keins Arztes nicht.
Auch Johannis am dritten melt:
380 Got hat so lieb gehabt die Welt,
Das er gab sein einigen Sun:
All, die an in gelauben tun,
Dieselben sollen nit verderben,
Noch des ewigen Todes sterben,
385 Sonder haben das ewig Leben.
Auch spricht Christus am elsten eben:
Welcher gelaubet in mich,
Der wird nit sterben ewiglich.
So nun der Mensch solch tröstlich Wort
390 Von Jesu Christo sagen hort
Und das gelaubt und darauf baut,
Und den Worten von Herzen traut,
Die im Christus hat zugesagt,
Und sich on Zweifel darauf wagt,
395 Der selb Mensch neu geboren heist
Aus dem Feuer und heiling Geist
Und wird von allen Sünden rein,
Lebt in dem Wort Gottes allein,
Von dem in auch nit reißen künde
400 Weder Hell, Teufel, Tot noch Sünde.
Wer also ist im Geist verneit,
Der dient Got im Geist und Warheit,
Das ist, das er Got herzlich libt

---

373 vertündest. — 375 Matth. 9, 12. — 386 Joh. 11, 26. —
387 in mich, nach dem Lateinischen in me, an mich. — 401 erneuet.

Und sich im ganz und gar ergibt,
405 Helt in für sein gnedigen Got.
Jn Trübsal, Leit, in Angst und Not
Er sich als Guts zu Got versicht.
Got geb, Got nem, und was geschicht,
Jst er willig und Trostes vol
410 Und zweifelt nit, Got wöll im wol
Durch Jesum Christum, seinen Sun.
Der ist sein Frid, Ru, Freud und Wun
Und bleibt auch sein einiger Trost.
Wem solcher Glaube ist genost,
415 Derselbig Mensch der ist schon selig.
All seine Werk sint Got gesellig,
Er schlaf, er trink oder arbeit.
Solcher Gelaub sich dan ausbreit
Zu dem Rechsten mit warer Liebe,
420 Das er kein Menschen tut betriebe,
Sonder übt sich zu aller Zeit
Jn Werken der Barmherzigkeit,
Tut Jederman herzlich als Guts
Aus freier Lieb, sucht keinen Nutz,
425 Mit Raten, Helfen, Geben, Leihen,
Mit Leren, Strafen, Schult verzeihen,
Tut jedem, wie er selbst auch wolt,
Als das im von im gschehen sollt.
Solchs würkt in im der heilig Geist. ·
430 Also das Gsetz erfüllet heist
Christus Matthei am siebenden.
Hie merk, das dises allein sen
Die waren christlich guten Werk,
Das man aber hie fleißig merk,
435 Das sie zur Seligkeit nit din.
Die Seligkeit hat man vorhin
Durch den Gelauben in Christum.

---

405 sein(en). — 407 alles Guten versicht er sich. — 411 durch
noch in der Bedeutung: wegen, um — willen. — 414 genoßen, ge-
sellen. — 418 ausbreit(et). — 420 Abfall des n im inf. wie in der
1. plur. bei nachgestelltem wir ist mitteldeutsch gebräuchlich; kein(en)
betrüben. — 423 alles Gute. — 428 Matth. 7, 12. — 432 sen für
sein, sind, s. II 355. — 435 dienen. — 436 vorhin, vorher.

Dis ist die Ler kurz in der Sum,
Die Luther hat an Tag gebracht.
440 Des ist Leo der Bapst erwacht
Und schmecket gar balt diesen Braten,
Forcht, im entgiengen die Annaten
Und wurd im das Bapstmonat lom,
Darin er zeucht die Pfrünt gen Rom.
445 Auch wirt man sein Ablas nim kaufen,
Auch niemand gen Rom Walfart laufen;
Wirt nimmer können schatzen Gelt,
Wirt auch nim sein ein Herr der Welt,
Man wirt nim halten sein Gebot,
450 Sein Regiment wirt ab und tot,
So man die rechte Warheit wist.
Darumb brauchet er schwinder List,
Het die Warheit geren vertrücket,
Und balt zu Herzog Friedrich schicket,
455 Das er die Bücher brent mit Rom
Und im den Luther schickt gen Rom.
Jedoch sein churfürstlich Senat
Christlich ob im gehalten hat,
Zu beschützen das Gottes Wort,
460 Das er dan merket, prüft und hort.
Da dem Bapst dieser Grif was fel,
Schickt er nach im gen Augspurg schnell.
Der Cardinal bot im zu schweigen
Und kunt im doch mit Schrift nit zeigen

---

440 Übergang zur Reformationsgeschichte. Immer bleibt Sachs
bei Auslegung seines Bildes. — 441 schmecken in alter Bedeutung
== riechen. — 442 Annaten. „Es haben vor Zeiten deutsche Kaiser
und Fürsten verwilligt dem Babst, die Annaten auf allen Lehen dem
ider Nation einzunehmen, das ist die Hälfte der Zins des ersten Jahres
auf einem jeglichen Lehen". Luther An den christlichen Adel. Denk-
mäler III, 2 S. 74. — 443 Der Papst behielt sich das Recht vor, in
gewissen Monaten erledigte Pfründen selbst zu verleihen, und bezog da-
durch hohe Einnahmen. S. Luther Denkm. III. 2 S. 76. — wird
lom, lahm, geht verloren. — 445 nim, nimmer. — 447 schatzen,
Geld sammeln, eintreiben. — 451 wist, wüßte. — 452 eine geschwinde
List. — 453 vertrücket, unterdrückt. — 455 mit Namen, namentlich.
— 458 ob, über ihm seine Hand gehalten, ihn beschützt. — 460 s.
was Luther selbst erzählt Denkm. III. 2 S. 46. — 461 siehe oben V. 57.
— 463 Cajetan 1518.

3*

465 Klärlich, das Luther het geirt.
Da dem Bapst dis auch nit gieng fürt,
Tet er den Luther in den Ban
Und alle, die im hiengen an,
On all Verhör, Schrift und Probir.
470 Doch schrib Luther nur für und für
Und ließ sich dise Schrift nit irren.
Erst tet in der Keiser citiren
Auf den Reichstag hinab gen Worms.
Da erlit Luther vil des Sturms.
475 Kurzumb er solt nun revociern,
Und wolt doch Niemant disputiern
Mit im und in zum Ketzer machen.
Des blib er bständig in sein Sachen
Und gar kein Wort nit widerrift.
480 Wann es war ie al sein Geschrift
Evangelisch, apostolisch.
Des schied er ab frölich und frisch
Und ließ sich kein Mandat abschrecken.
Das wilde Schwein deut Doctor Ecken,
485 Der vor zu Leipzig widr in facht
Und vil grober Seu darvon bracht.
Der Bock bedeutet den Emser,
Der ist aller Nonnen Tröster.
So bedeutet die Katz den Murner,
490 Des Bapstes Mauser, Wachter, Turner;
Der Waltesel den Barfüßer

---

466 gieng fürt, Fortgang hatte. — 467 im Jahre 1520. —
469 Probir, Beweis. — 473 im Jahre 1521. — 479 vergl. zu V. 338.
— 480 wann, denn. — 484 ihn nennt Luther in der Schrift „Wider
Hans Worst" Doctor Sau. Vgl. Denkm. III. 2 S. 45. — 485 i. J.
1519. — 486 Sau ist Tropus für Fehler. „Eine Sau machen"
ost in Gryphius' Peter Squenz. — 487 Luther kämpfte 1521 gegen
den Leipziger Hieronymus Emser („An den Bock zu Leipzig"), besonders
wegen der Angriffe auf seine Schrift An den deutschen Adel. Er nannte
ihn den Bock, weil er einen solchen im Wappen führte. — 489 Thomas
Murner griff Luther schon 1520 an, und 1522 erschien der kräftigste
Angriff auf die Reformation in seiner Satire: Von dem großen Luthe-
rischen Narren. Das Titelbild zeigt Murner als Kater in Mönchskutte.
— 490 Mauser kann direkt von mausen abgeleitet, der Mäusefänger
bedeuten. Doch ist Musar auch — Mäusefalte. — Turner, Türmer.

Zu Leipzig, den grobn Lesmeister.
So deut der Schneck den Cocleum.
Die fünf und sonst vil in der Sum
495　Hant lang widr Lutherum geschriben.
Die hat er alle von im triben.
Wan ir Schreiben het keinen Grunt,
Nur auf langer Gewonheit stunt,
Und kunten nichts mit Schrift probieren.
500　So tet Luther stets Schrift einfüren,
Das es ein Bauer merken mecht,
Das Luthers Ler sei gut und recht.
Des wurden siglos und unsinnig
Nun die Schlangen, Nonnen, Münnich,
505　Wollen ir Menschenfünt verteiding
Und schreien laut an iren Preding:
„Luther sagts Evangelium?
Hat er auch Brief und Sigel drum,
Das Evangelium war sei?
510　Luther richt auf neu Ketzerei.
O liebs Volk, lat euch nit verfüren.
Die römisch Kirch die kan nit irren.“
551　Die wild Gens deuten uns die Leien,
Die in versluchen und verspeien:
„Was wil der Münich Neues leren
Und die ganz Christenheit verkeren?“
589　Doch hilft als Widerbellen nicht.
Die Warheit ist kommen ans Liecht.
Deshalb die Christen widerkeren
Zu den evangelischen Leren
Unseres Hirten Jesu Christ,

---

492 Der Leipziger Franziskanermönch (oder Barfüßer) Augustin von Alfeld, dessen Grobheit Köstlin (Luther I 317) hervorhebt, schrieb 1520 gegen Luther „Über den apostolischen Stuhl“, und dieser antwortete mit der Schrift: „Von dem Papsttum zu Rom wider den hochberühmten Romanisten zu Leipzig“. — 493 Cochlaeus aus cochlea, die Schnecke, vgl. Denkm. III. 2 S. 166. 1521 Dechant am Frankfurter Liebfrauenstifte, als Freund der Humanisten anfangs Luther wohlgesinnt, trat er in Worms als eifriger Gegner des Ketzers auf. — 498 es beruhte nur auf. — 499 probieren wie lat. probare, beweisen. — 500 die heil. Schrift anführen. — 501 mecht, konnte. — 505 verteiding, verteidigen. — 506 an, in. Predinge für Predige, die alte Form für Predigt. — 509 daß das.

Der unser aller Löser ist,
Des Glaub allein uns selig macht. —
602 Nun nemen sich die Bischof an
Mit sampt etlich weltlichen Fürsten,
Die auch nach Christenblut tut dürsten,
605 Lassen sollich Prediger fahen,
In Gefenknus und Eisen schlahen
Und sie zu widerrufen bringen,
In auch ein Liet vom Feuer singen,
Das sie möchten an Got verzagen.
Das heist die Schaf int Hecken jagen.
620 Das ist des Endchrist Hofgesint.
Christus das als verkündet hat.
Matthei am zehenden es stat. —
657 Apocalipsis stet es hell,
Am achtzehenden Capitel
Schreit der Engel mit lautem Schallen
Zwei mal: Babilon ist gefallen,
Ein Behausung der Teuffel worden. —
688 Das Bapsttumb deut das Babilon,
Von dem Johannes hat geseit.
690   Darumb ir Christen, wo ir seit,
Kert wider aus des Bapstes Wüste
Zu unserm Hirten Jesu Christe!
Derselbig ist ein guter Hirt,
Hat sein Lieb mit dem Tot probiert,
695 Durch den wir alle sint erlost.
Der ist unser einiger Trost
Und unser einige Hofnung,
Gerechtigkeit und Seligung
All, die glauben in seinen Namen.
700 Wer des beger, der sprech: Amen!

608 drohen ihnen mit dem Scheiterhaufen. — 619 int, in die.
— 620 Aus Antichrist wird durch Umlaut Entechrist, Endechrist, was
dann schon früh als der am Ende kommende Christ gedeutet wird. —
622 Diese Stelle wird nun ausführlich mitgeteilt, wo es heißt V. 16 fl.
Siehe, ich sende euch wie Schafe mitten unter die Wölfe. Hütet euch
aber vor den Menschen; denn sie werden euch überantworten vor ihre
Rathäuser und werden euch geißeln in ihren Schulen. Und man wird
euch vor Fürsten und Könige führen um meinetwillen ꝛc. Ebenso die aus
der Offenbarung Cap. 18. — 694 s. zu V. 499. — 699 all(en).

III.

Ein Epitaphium

oder

Klagred ob der Leich D. Martini Luthers.

1546.

> Als man zelt fünfzehn hundert Jar
> Und sechs und vierzig, gleich als war
> Der sibenzehend im Hornung,
> Schwermütigkeit mein Herz durchdrung,
> 5 Und west doch selb nit, was mir was.
> Gleich traurig auf mir selber saß,
> Legt mich in den Gedanken tief
> Und gleich im Unmut groß entschlief.
> Mich daucht, ich wär in einem Tempel,
> 10 Erbaut nach sechsischem Exempel,
> Der war mit Kerzen hell beleucht,
> Mit edlem Reuchwerk wol durchreucht.
> Mitten da stund bedecket gar
> Mit schwarzem Tuch ein Totenbar.
> 15 Ob diser Bar da hieng ein Schilt,
> Darin ein Rosen war gebilt.
> Mitten darburch so gieng ein Creuz.
> Ich dacht mir: Ach Got, was bedeuts?
> Erseufzet darob trauriglich.
> 20 Gedacht, wie, wenn die Totenleich
> Doctor Martinus Luther wer?

3 Hornung altd. Name des Februars. — 5 west, wußte. — die ältere Form was wechselt mit der neueren war (V. 2). — auf mir selber, „in mich gekehrt". — 10 Kirche nach sächsischem Muster, gemeint ist die Schloßkirche in Wittenberg. — 15 Luthers Wappen: in einer Rose ein Herz mit einem Kreuz. Des Christen Herz auf Rosen geht, wenns mitten unterm Kreuze steht. — 16 gebildet. — 20 Leich, Körper.

In dem trat aus dem Chor daher
Ein Weib in schneeweißem Gewant,
Theologia hoch genant.
25 Die stunt hin zu der Totenbar,
Sie want ir Hent und rauft ir Har
Gar kleglich mit Weinen durch brach.
Mit Seufzen sie anfieng und sprach:
Ach das es müß erbarmen Got!
30 Ligst du denn iezt hie und bist tot?
O du treuer und küner Helt,
Von Got dem Herren selb erwelt,
Für mich so ritterlich zu kempfen,
Mit Gottes Wort mein Feind zu dempfen,
35 Mit Disputiern, Schreiben und Predgen,
Darmit du mich denn tetst erledgen
Aus meiner Trübsal und Gezwengnus,
Meiner babylonischen Gfengnus,
Darin ich lag so lange Zeit,
40 Bis schier in die Vergeßenheit,
Von mein Feinden in Herzenleit,
Von den mir mein schneeweißes Kleit
Vermeiligt wurt, schwarz und besudelt,
Zerrissen und scheußlich zerhudelt.
45 Die mich auch hin und wider zogen,
Zerkrüppelten, krümbten und bogen.
Ich wurt gerabbrecht, zwickt und zwackt,
Verwunt, gemartert und geplagt
Durch ir gotlose Menschenler,
50 Das man mich kaum kunt kennen mer.
Ich galt entlich gar nichts bei in,
Bis ich durch dich erledigt bin,
Du teurer Helt, aus Gottes Gnaden,
Da du mich waschen tetst und baden

---

25 sten mit praep. der Bewegung wie im Mittelalter = treten. —
27 ἀπὸ κοινοῦ: sie fährt gewaltsam durch ihr Haar. — 36 erledgen,
befreien. — 37 Gezwengnus von zwingen. — 38 Erinnert an Luthers
Schrift De captivitate Babylonica 1520. — 41 nämlich: dahin ge-
bracht. — 43 vermeiligen = vermeilen II 353. — 44 scheußlich
von din schinze (vgl. scheu), das Grauen. — zerhudelt, zerfetzt. —
51 endelich, adv. durchaus; ob schon in der jetzigen Bedeutung, ist zweifelhaft.

55 Und mir wider reinigst mein Wat
Von iren Lügen und Unflat.
Mich tetst du auch heilen und salben,
Das ich gesunt sie allenthalben,
Ganz hell und rein wie im Anfang.
60 Darin hast mich bemühet lang,
Mit schwerer Arbeit hart geplagt,
Dein Leben oft darob gewagt,
Weil Bapst, Bischöf, Künig und Fürsten
Gar sehr nach deinem Blut was dürsten,
65 Dir hinderdückisch nachgestellt.
Noch bist du als ein Gottes Helt
Bliben warhaft, treu und bestendig,
Durch kein Gefar worden abwendig
Von wegen Gottes und auch mein.
70 Wer wirt nun mein Versechter sein,
Weil du genumen hast ein Ent?
Wie wird ich werden so ellent,
Verlassen in der Feinde Mit?
    Ich sprach zu ir: O fürcht dir nit,
75 Du Heilige, sei wolgemut!
Got hat dich selbs in seiner Hut,
Der dir hat überslüssig geben
Vil treslich Menner, so noch leben.
Die werden dich hanthaben sein
80 Sampt der ganz christlichen Gemein,
Der du bist worden klar bekant
Schir durchaus in ganz teutschem Lant.
Die all werden dich nicht verlaßen,
Dich rein behalten aller maßen
85 On Menschenler, wie du ietzt bist.
Darwider hilft kein Gwalt noch List.
Dich sollen die Pforten der Hellen
Nicht überweltigen noch fellen.
Darumb so laß dein Trauren sein,

---

55 Wat, Gewand. — 60 einen bemühen, Mühe auf ihn verwenden. andre lesen: dich. — 63 Dative: mir was dürsten; letzteres ist das Particip. — 69 mein, meiner. — 72 ich wirde ist die alte richtige hochd. Form der 1. sing. praes. — 73 Mit, Mitte.

90 Das Doctor Martinus allein
   Als ein Überwinder und Sieger,
   Ein recht apostolischer Krieger,
   Der seinen Kampf hie hat verbracht,
   Und brochen deiner Feinde Macht,
95 Und ietzt aus aller Angst und Not
   Durch den milt barmherzigen Got
   Gefordert zu ewiger Ru!
        Da helf uns Christus allen zu,
        Da ewig Freud uns auferwachs
100 Nach dem Elent!
        das wünscht Hans Sachs.

90 Das ꝛc. Die Konstruktion ist mit dem „und" B. 95 verlassen;
das Präd. steht B. 97: daß Luther gefordert ist. — 100 Elent ist die
Fremde dieser Zeitlichkeit im Gegensatz zur ewigen Heimat.

IV.

Disputation

zwischen einem Chorherren und Schuchmacher, darin das Wort
Gottes und ein recht christlich Wesen verfochten wirt.

1524.

———

5   Schuster: Bonus dies, Köchin!

Köchin: Semper quies! seit wilkum, Meister Hans.

Sch. Got dank euch! wo ist der Herr?

K. Er ist im Sommerhaus, ich wil im rufen. Herr,
Herr, der Schuchmacher ist da.

10   Chorherr: Beneveneritis, Meister Hans!

Sch. Deo gratias!

Ch. Was, pringt ir mir die Pantoffel?

Sch. Ja, ich gedacht, ir wert schon in die Kirchen gangen.

Ch. Nein, ich bin hinden im Sommerhaus gewest und
15 han abgedroschen.

Sch. Wie, hant ir gedroschen?

Ch. Ja, ich han mein Horas gebet, und han al mit
meiner Nachtigal zu eßen geben.

Sch. Herr, was hant ir für ein Nachtigal, singt sie noch?

20   Ch. O nein, es ist zu spat im Jahre.

Sch. Ich weiß ein Schuchmacher, der hat ein Nachtigal,
die hat erst angefangen zu singen.

Ch. Ei, der Teufel hol den Schuster mit sampt seiner Nach=
tigal. Wie hat er den allerheiligsten Vater, den Bapst, die heiligen
25 Veter und uns wirdige Herren ausgeholhipt, wie ein Holhipbub!

—

IV. Sachs hat „artlicher Dialogos sieben“ verfaßt, von denen wir
vier kennen. Drei beschäftigen sich mit römischen Mißbräuchen, einer
mit dem ergerlich Wandel etlicher, die sich lutherisch nennen. Beachte
die Bibelkenntnis, welche sich Sachs in so kurzer Zeit angeeignet hat.

17 Horas geb et(en): siehe Anm. zu II, 123. — al mit, zugleich.
— 25 Holhipe ist so viel wie Hipe, die Waffel. Holhiper, Verkäufer
derselben, dann Schelter, Schmäher. holhipen, schmähen.

Sch. Ei Herr, fart schon! Er hat doch nur euren Gots=
dienst, Ler, Gebot und Einkomen dem gemeinen Man angezeigt,
und nur slecht oben überhin. Ist dann solches euer Wesen Hol=
hippelwerf?
30 Ch. Was geht es aber solchs unser Wesen den tollen
Schuster ane?
Sch. Es stet Exodi am XXIII: „So du deines Feindes
Esel under dem Last sihest ligen, nit laß in, sonder hilf im.“
Solt dann ein getaufter Christ seinem Bruder nit helfen, so er
35 in sech ligen in der Beschwert seiner Gewißen?
Ch. Er solt aber die Geistlichen und Geweihten nit darein
gemengt han, der Eselskopf, die wißen vor wol, was Sünt ist.
Sch. Seint sie aber sündigen, so spricht Ezechiel XXXIII:
„Sihest du deinen Bruder sündigen, so straf in, oder ich wil sein
40 Blut von deinen Henden fodern“. Derhalb sol und muß ein Ge=
taufter seinen sündigen Bruder strafen, er sei geweit oder nit.
Ch. Seit ir evangelisch?
Sch. Ja.
Ch. Habt ir nit gelesen im Evangelio Matthei am VII:
45 „Richtet nit, so wert ir nit gericht?“ Aber ir Lutherischen nembt
solche Sprüch nit zu Herzen, sucht in auch nit nach, wan sie
sein wider euch.
Sch. Strafen und Richten ist zweierlei. Wir underften uns
nit zu richten, welchs allein Got zugehört, wie Paulus sagt zun
50 Römern am XIIII: „Niemant sol einem andern seinen Knecht
richten re.“, sondern ermanen und strafen, wie Got durch den
Propheten Esaiam am LVIII spricht: „Schrei, hör nit auf, erhöch
dein Stimm wie ein Busaun zu verkünden meinem Volk sein Mißetat re.“
Ch. Es stet auch Exodi XII: „Du solt den Obern nit
55 schmehen in deinem Volk.“
Sch. Wer ist dann der Oberst im Volk, ists nit der Keiser
und nachmals Fürsten, Graven, mit sampt der Ritterschaft und
weltlicher Oberhant?
Ch. Nein, der Bapst ist ein Vicarius Christi, darnach die
60 Cardinäl, Bischove, mit sampt dem ganzen geistlichen Stand, von

---

26 fart schon == nur immer langsam! — 28 slecht, gerade:
ziemlich oberflächlich. — 35 sech, sehe. — 37 vor, vorher. — 38 seint
== sint, nachdem, sintemalen, seit. — 39 strafen, die Sünden
vorhalten. — 46 in, ihnen; nachsuchen, prüfen.

den stet in geistlichen Rechten C. solito de majoritate et obedientia: sie bedeuten die Sonn, und der weltlich Gewalt bedeut den Mon; deshalb ist der Bapst vil mechtiger dann der Keiser, welcher im sein Füß küssen muß.

65   Sch. Ist der Bapst ein solcher geweltiger Herr, so ist er gewißlich kein Stathalter Christi. Wann Christus spricht Joan. am XVIII: „Mein Reich ist nit von diser Welt", und Joan. VI floch Christus, da man in zum König machen wolt. Auch sprach Christus zu seinen Jungern Luce XXII: „Die weltlichen Künig

70 herschen und die Gewaltigen heißt man gnedige Herrn, ir aber nit also; der Gröst under euch sol sein wie der Jüngst und der Fürnemst wie der Diener." Deshalb der Bapst und ir Geistlichen seit nur Diener der christlichen Gemein, wo ir anders aus Got seit: derhalb mag man euch wol strafen.

75   Ch. Ei, der Bapst und die Seinen sein nit schuldig Gottes Geboten gehorsam zu sein, wie in geistlichen Rechten steht C. solito de majoritate et obedientia. Aus dem schleußt sich, daß der Bapst kein Sünder ist, sonder der Allerheiligist; derhalb ist er unstrafbar.

80   Sch. Es spricht Johann. I Canonica 1: „Wer sagt, er sei on Sünd, der ist ein Lügner." Deshalb ist der Bapst ein Sünder oder Lügner, und nicht der Allerheiligist, sonder zu strafen.

. . . .

    Ch. Einem Schuster zimpt mit Leder und Schwerz umb-
85 zugen und nicht mit der heiligen Schrift.

    Sch. Mit welcher heiliger Geschrift wolt irs beibringen einem getauften Christen, nit in der Schrift zu forschen, lesen, schreiben? Dann Christus sagt Johannis V: „Durchsucht die Gschrift, die gibt Zeugnis von mir." So spricht der Psalmist I: „Selig
90 ist der Man, der sich Tag und Nacht übet im Gesetz des Herrn." So schreibt Petrus in der ersten Epistel am III: „Seint alle Zeit urbitig zu Verantwortung Jederman, der Grund fodert der Hofnung, die in euch ist." So leret Paulus die Epheser am VI. fechten wider den Anlauf des Teufels mit dem Wort Gottis,

---

61 Anfang des betreffenden Artikels der Decretalen. — 80 1. Brief Joh. Cap. 1 V. 8 fl. — 83 Der Chorherr hält wenigstens den Papst für unantastbar, tadelt das Ausschreien, die Öffentlichkeit und erklärt es vor allem für unerlaubt, daß ein Laie dies thue. Der Schuster antwortet stets mit einer Bibelstelle. — 91 seint, seid. — 92 urbietig, erbötig, bereit.

95 welches er ein Schwert nent. Herr, wie wurd wir bestan, so
wir nichts in der Geschrift westen? **Ch.** Wie die Gens am Wetter.
Sch. Jr spot wol. Die Juden wißen ir Gesetz und Pro=
pheten frei auswendig, sollen dann wir Christen nit auch wißen
100 das Evangelium Jesu Christi, welches ist die Kraft Gottes allen,
die selig sollen werden, wie Paulus I Chorinth. I.

. . . .

Sch. Es spricht mit runden Worten Paulus zun Römern
VIII: „Wer Christus Geist nit hat, der ist nit sein.“
105 **Ch.** O des armen Geists, den ir Lutherischen hant! Ich
glaub, er sei kolschwarz. Lieber, was tut doch euer heiliger
Geist bei euch? Ich glaub, er schlaf Tag und Nacht, man spürt
in ie nindert.

Sch. Christus spricht Matthei VII: „Jr sult euer Heiltumb
110 nit den Hunden geben, noch die Perlen für die Schwein werfen,
auf daß sie dieselben nit mit Füßen zutreten.“
Ch. Lieber, schempt ir euch nit solche grobe Wort vor mir
auszuziehen?
Sch. Ei lieber Herr! zörnt nit, es ist die heilig Schrift.
115 **Ch.** Ja, ja, ja, ir Lutherischen sagt vil vom Wort Gottes
und wert doch nur ie lenger, ie erger, ich spür an keinem kein
Beßerung.
Sch. Christus spricht Luce XVI: „Das Reich Gottes kumt
nit eußerlich oder mit Aufmerken, daß man möcht sprechen: sich
120 hie oder da, sonder es ist inwendig in euch“, das ist so vil:
es stet nit in eußerlichen Werken.

. . . .

Ch. Spricht doch Christus Luce XVIII: „Jr solt on Under=
laß beten.“

---

95 wurd wir, würden wir. — 96 westen, wüßten. — 97 Wie
die Gänse, die trotz ihrer Dummheit das Wetter bestehen. — 102 So
disputieren sie des längeren über geistlichen und Laienstand. Der Schuster
weist nach, daß auch die Laien bernien sind, vom Evangelium zu
zeugen. Sie brauchen nicht studiert zu haben, müßen aber von Gott
gelehrt sein (Johann. 6, 45). Denn auch die Laien haben den heiligen
Geist. — 108 nindert, nirgend. — 109 Heiltumb, Heiligtum. —
113 hervorzuholen. — 122 Auf den Vorwurf, daß die Lutherischen nicht
an den verordneten Kirchengebeten (Tagezeiten: siehe II, 123) teilnehmen,
warnt der Schuster vor Lippendienst nach Matth. 15, 8.

25   Sch. Ja, das Beten im Geist mag on Underlaß geschehen, aber euer vil Beten verwürft Christus Matth. VI, spricht: „Jr solt nit vil plappern."

Ch. Lieber, was ist das für ein Gebet oder Gotsdienst im Geist und in der Warheit? leret michs, so darf ich nimmer gen

30 Metten oder mein Horas nimmer beten.

Sch. Lest das Büchlein Martini Luthers von der christ= lichen Freiheit, welches er dem Bapst Leo X. zugeschickt hat, da sint irs kurz beschriben.

Ch. Ich wolt, daß der Luther mit sampt seinen Büchern ver=

35 prent wurd. Ich hab ir nie keins gelesen und wil ir noch keins lesen.

Sch. Ei was urteilt ir dann?

Ch. Wie, daß ir den lieben Heiligen auch nimmer dienet!

Sch. Christus spricht Matth. IIII: „Du solt Got deinen Herrn anbeten und dem allein dienen."

40   Ch. Ja, wir mußen aber Fürsprechen haben bei Got.

Sch. Es spricht Johannis I Canoni I: „Und ob iemant sündiget, so haben wir einen Fürsprechen bei Got, Jesum Christum, der gerecht ist, und derselb ist die Versünung für euer Sünd."

Ch. Ja, Lieber, ja, Not bricht Eisen. So euch ein Hant

45 enzwei wer, ir würt palt Sant Wolfgang anrufen.

Sch. Nein. Christus spricht Matth. XI: „Kumpt her zu mir alle, die ir müselig und beladen seit, ich wil euch erquicken." Wo wolt wir dann besser Hülf suchen? Jr hant Abgötter aus den Heiligen gemacht und uns dadurch von Christo abgefürt.

50   . . . .

Ch. So halt ir von keinem Concilio?

Sch. Ja, von dem, das die Apostel zu Hierusalem hielten.

Ch. Haben dann die Apostel auch ein Concilium gehalten?

Sch. Ja. Hant ir ein Bibel?

55   Ch. Ja. Köchin bring das groß alt Buch heraus.

---

129 Der Schuster hatte Joh. 4, 24 angezogen. Des Chorherrn Antwort entspricht ganz der Art des samaritanischen Weibes. — 129 darf, brauche ich nicht zur Mette (matutina) in die Kirche zu gehen. Vergl. zu II, 123. — 131 siehe Denkmäler III, 2 S. 56 und 92 ff. — 140 der Fürsprecher. — 141 siehe oben Z. 80. — 145 Lebte unter Otto II., war Bischof von Regensburg und „soll vermittelst eines be sonderen Öls und eines geweihten Wassers viele Kranke gesund gemacht haben." — 150 Ebenso kämpft er gegen Fasten und Ohrenbeichte als Menschensatzungen, zu denen auch die Concilien kein Recht und keine Macht haben. — 151 ihr haltet nichts von.

K. Herr, ist das?

Ch. Ei nein, das ist das Decretal, maculier mirs nit!

K. Herr, ist das?

Ch. Ja. Ker den Staub herab, daß dich der Rit wasch!

160 Wolan, Meister Hans, wo stets?

Sch. Sucht Actuum Apostolorum XV.

Ch. Sucht selb, ich bin nit viel darin umbgangen, ich weiß wol Nützers zu lesen.

Sch. Secht da, Herr.

165 Ch. Köchin merk Actuum am XV. Ich wil darnach von Wunders wegen lesen, was die alten Gesellen Guts gemacht haben.

Sch. Ja lest! Ir werdet finden, daß man die Purd des alten Gesetz den Christen nit aufladen sol, ich geschweig, daß man iezunt vil neuer Gebot und Fünd erdenket und die Christen 170 mit beschwert, darum sein wir euch nit schuldig zu hören.

Ch. Spricht doch Christus Luce X: „Wer euch hört, der hört mich, wer euch veracht, der veracht mich." Ist das nit klar genug?

Sch. Ja, wenn ir das Evangelium und das Wort Gottes 175 lauter saget, so sol wir euch hören wie Christum selbs. Wo ir aber euer eigen Fünt und Gutgedunken sagt, sol man euch gar nicht hören, wann Christus Matth. XV: „Vergeblich dienen sie mir, dieweil sie leren solche Ler, die Menschengebot sint", und weiter „ein iede Pflanz, die Got, mein himlischer Vater, nit 180 pflanzet hat, wirt ausgereut."

. . . .

Ch. Lieber, was halt ir vom Luther?

Sch. Ich halt in für ein christlichen Lerer, welcher, ich acht, seint der Apostel Zeit nie gewest ist.

185 Ch. Lieber, was Nutz hat er doch geschaft in der Christenheit?

Sch. Da hat er euer Menschengebot, Ler, Fünt und Auf= satzung an Tag gebracht und uns darvor gewarnet. Zum andren

---

157 Das Decretal enthält die päpstlichen Verordnungen. maculiern, beflecken. — 159 Ein Fluch. Rit, das Fieber. — 161 Actuum statt Actorum. — 166 von Wunders wegen, wegen des Ungewöhnlichen, Seltsamen der Sache: vgl. 276. — 167 Purd, Burde. — 175 sol wir, Abfall des n bei nachgestelltem wir; mitteldeutsch. V. 88. — 176 Gutgedunken, Gutdünken. — 181 Die Disputation handelt dann noch weiter von Concilien und ihren Vorschriften. — 184 seint, seit IV 38. — 187 Aufsatzung, Vorschriften.

hat er uns in die heiligen Schrift geweiset, darin wir erkennen, daß
190 wir alle under der Sünt beschloßen und Sünder seint, Römern V.
zum andern, daß Christus unser einige Erlösung ist, wie zun Corin-
thern I. Corin. 1. und dise zwei Stuck treibt die Schrift schier durch
und durch. darin erlernen wir unser einige Hofnung, Glauben und
Vertrauen in Christo zu setzen, welches dann ist das recht götlich
195 Werk zu der Seligkeit, wie Christus spricht Johannis am sechsten.

Ch. Darf man keins Werks darzu? Spricht doch Christus
Matth. V: „Laßt euer Liecht leuchten vor den Menschen, das sie
euer gute Werk sehen und euern Vater im Himmel preisen."

Sch. Paulus spricht Roma. V: „Wir haltens, das der
200 Mensch gerechtfertigt werd allein durch den Glauben on Zutuung
der Werk des Gesetz", und zun Römern am ersten: „Der Gerecht
wird seines Glauben leben."

Ch. Spricht doch Jacobus II: „Der Glaub on die Werk
ist tot."

205 Sch. Ein rechter götlicher Glaub der feiert nit, sonder
bringt stets gute Frücht. dann Christus spricht Matthei am VII:
„Ein guter Baum kan kein bös Frucht bringen." Aber solche gute
Werk geschehen nicht, den Himel zu verdienen, welchen uns
Christus verdient hat, auch nit aus Forcht, der Helle zu ent-
210 fliehen, von der uns Christus erlöst hat, auch nit umb Er,
wann alle Er sol man Got geben, Matth. an dem vierten, son-
der aus götlicher Lieb Got zu einer Danksagung und dem Nächsten
zu Nutz. Wolan Herr, wie gefelt euch nun des Luthers Frucht?

Ch. Ist er denn so gerecht, wie, daß im dann so wenig
215 gelerter und mechtiger Herrn anhangen, allein der grob, unver-
stendig Hauf?

Sch. Christus hieng weder Pilatus, Herodes, Caiphas, noch
Annas an, auch nit die Pharisier, sonder widerstunden im,
allein das gemein Volk hieng im an. Darumb erfreuet sich Jesus
220 im Geist, Luce am X., und sprach: „Vater, ich sag dir Dank,
daß du dise Ding hast verborgen vor den Weisen diser Welt
und hast sie geoffenbaret den Kleinen."

. . . .

192 treibt durch, behandelt sie überall. — 196 darf, braucht.
vergl. IV 129. — 214 wie kommt es. — 223 Der Chorherr, unfähig
etwas Ernstliches dagegen vorzubringen, droht mit dem Schwert gegen
den Ketzer. Der Schuster rät, Geistliches nur geistlich zu richten. Das
Gespräch wird unterbrochen.

Ch. Man leutet in Chor. Köchin, lang den Chorrok her.
225 Wolan, lieber Meister, ziecht hin im Fried! Es wird leicht noch
als gut.

Sch. Ob Got wil. Wolan alde, der Frid sei mit euch,
Lieber Herr, hant mir nichts ver übel und verzeicht mir!

Ch. Verzeich uns Got unser Sünd.

230   Sch. Amen.

Ch. Secht nur an, liebe Köchin, wie reden die Leien so
gar freflich gegen uns Geweihten. Ich mein, der Teufel sei in
den Schuster vernet. Er hat mich in den Harnasch gejagt, und
wer ich nit so wol gelert, er het mich auf den Esel gesetzt.
235 Darumb wil ich im nicht mer zu erbeiten geben, sonder dem
Hans Zobel, der ist ein guts einfeltigs Menlin, macht nit vil
Wort mit der heiligen Schrift und lutherischen Ketzerei, wie dann
den Leien nit zimlich ist, noch gebürt, mit iren Selsorgern zu
disputieren. Wenn es sagt Salomon: „Welcher ein einfeltig Wandel
240 fürt, der wandelt wol." Ei disen Spruch solt ich dem bollen
Schuster fürgeworfen han, so wer er villeicht darob erstumbt.

K. O Herr, ich het immer Sorg, nachdem ir in mit der
Schrift nit überwunden kunt, ir wurt in mit den Pantoffel
schlahen.

245 Ch. Ich hab nur von der Gemein ein Aufrur besorgt, sonst
wolt ich im die Pantoffel in sein Antlitz geschmeißt haben, im
hets Christus oder Paulus in dreien Tagen nit abgewischt, wie-
wol er al sein Vertrauen auf sie setzt.

K. Mich nimbt groß Wunder, wie die Leien so geschickt
250 werden.

Ch. Wilt wißen, was macht? man gibt umb die Geist-
lichkeit nichts mer. Verzeiten het der heilig Vater der Bapst und
die Bischof solchen, als der Luther und ander mer, die auf sein
Geigen predigen, das Predigamt aufgehebt nach Laut des geist-
255 lichen Rechten, und zu widerrufen benötiget, wie dem Johannes

---

226 als, alles, — 227 aldé, ältere Form aus altfranz. al deu
sür ade. — 228 ver, sür: nehmt es mir nicht übel. — 232 fref(ent)lich.
— 233 vernet, vernäht. — 234 sprichwörtlich. Wir sagen: vom
Pferd auf den Esel kommen. — 239 wenn, denn. — 241 verstummt.
— 246 Das starke Verbum schmeißen (werfen) ist hier mit dem schwachen
schmeißen (von sich geben) vermischt. — 251 umb, auf. — 252 ver-
zeiten, früher. — 254 auf sein Geigen, auf seine Weise. — Er hätte
ihnen das Recht zu predigen entzogen auf Grund des geistlichen Rechts.

Huß zu Costenz geschehen ist. Wenn man nur die evangelischen
Prediger kunt schweigen machen, so würts alles gut. Aber wenn
man sie heißt schweigen, so kummen sie und wellen mit dem
Bapst und Bischoven disputiern, welchs unerhört ist bei der Welt,
260 daß einer mit dem Allerheiligsten wil disputiern, der nit genug=
sam und wirdig ist mit seiner Heiligkeit zu reden. Aber es wil
beßer werden. Wenn die Prediger nit wellen, so mußen sie
schweigen, wiewol sie Sant Paulus Schrift fürziehen, und wens
sein Schwert darzu heten, so mußten sie darnider ligen, wens der
265 heilig Vater Bapst tun wil, dann so mußten die Laien auch
geschweigen und wir wurden zu unsern Wirden widerumb
kommen.

K. Es wär fürwar, Herr, gut. Wann Jederman veracht
euch, wie dann ietzunt auch der Schuster tan hat.

270 Ch. Vorzeiten het wir ein solchen in Ban verkünt, aber
ietzunt mußen wir von den Leien hören und lernen, wie die
Pharisäer von Christo. Lieb Köchin, ruf unsern Calefactor, der
list vil in der Bibel und villeicht der Schrift baß bericht ist dann
ich. Er muß mir von Wunders wegen etlich Sprüch suchen.

275 K. Heinrice, Heinrice, ge auf her zum Herrn.
Calefactor: Wirdiger Herr, was wolt ir?

Ch. Unser Schuster hat mich lang vexiert und vil aus der
Bibel angezeigt, wie dann der Lutherischen Brauch ist. Du must
im etlich Capitel nachsuchen, ob er gleich hat zugesagt, auf daß
280 ich in der Schrift sahen möcht.

Ca. Ir solt es pillich selbst wißen, ir hant lang die Ge=
weihten examiniern helfen.

Ch. Ja, daselbs braucht man nur schulerische Ler, was die
Menschen haben geschriben und gemacht, und gar wenig das
285 geistlich Recht, welches die heiligen Väter in den Conciliis beschloßen
haben.

Ca. Es leg an dem nicht, das die Väter in Conciliis
beschloßen, und die Menschen, so nach in kommen sein, geschriben
und gehalten haben, wo dieselben Gesetz, Ler und Schrift aus dem

---

261 wil, wird. — 262 wenn sie auch nicht wollen, sie müssen. —
264 selbst wenn sie des Paulus Schwert dazu hätten, so müßten sie
dech darniederliegen. — 265 so müßten dann. — 274 von Wunders
wegen, siehe zu 166. — 279 „Obgleich er nachgegeben hat." (?) —
283 Schulweisheit, Scholastit. — 284 gar wenig, ganz wenig, etwas.
— 287 Das möchte schon sein, wenn nur ihre Lehre der Schrift gemäß wäre.

4*

290 Wort und Geist Gottes wern. wann die Propheten, Apostel und
Evangelisten sint auch Menschen gewest.

Ch. Ei so haben sie auch irren mögen, aber die Lutheri-
schen wollen das nit glauben.

Ca. Nein, wann Petrus spricht II. Petri I: „Es ist noch
295 nie kein Weissagung aus menschlichem Willen herfürbracht, sonder
die heiligen Menschen Gottes hant geret, getriben von dem hei-
ligen Geist." Und eben darnach verkünt Petrus die falschen Pro-
pheten, die vil verberblicher Secten ein werden füren. Bedeut
eben euren geistlichen Stand, Orden, Regel und alle Menschenfünt,
300 außerhalb dem Wort Gottes, darmit ir iez umbget.

Ch. Ja, es ist aber auf uns nit geret, sondern auf die
Alten und lengst Vergangen.

Ca. O ir Toren und trägs Herzens zu glauben alle dem,
das die Propheten geret haben, Luce XXIIII.

305 K. Herr, heißt euch den Han mer kreigen! Von mir lit
irs nit.

Ch. O du lausiger Bachant, wiltu mich auch rechtfertigen
und leren, bist auch der lutherischen Böswichter einer? Troll
dich nur palt aus dem Haus und komm nit wider, du unver-
310 schamptes Tier.

Ca. Es tut euch Ant, daß der Schuster das rot Piret
geschmäht hat Laßt euchs nicht wundern; wann im alten Gesetz
hat Got die Hirten sein Wort laßen verkünden. Also auch iez
müßen euch Pharisеier die Schuster leren, ja es werden euch noch
315 die Stein in die Oren schreien. Alde, ich scheid mit Wißen.

K. Euch geschicht recht. Mich wundert, daß ir mit den
groben Filzen reden mügt. Sie schonen weder euer noch der hei-
ligen Weih.

Ch. Ich wil mich nun wol vor in hüten. Verbrents
320 Kind fürcht Feuer. Wolan, ich wil in Chor, so ge du an Markt,

---

296 geret, geredet. — 302 Vergangen(en). — 305 kreigen
Nebenform von krajen, krähen: laßt euch nur diesen Hahn noch mehr
verkrähen! — littet. — 307 Bachant, fahrender Schüler. War es
wirklich ein solcher, oder ist es verächtlich = Herumtreiber? — recht-
fertigen heißt sowohl verteidigen, als auch zurechtweisen. — 311 der
Ant oder Ande, die Kränkung. — Piret = Barett. — 315 vergl. die
Unterschrift unter dem Holzschnitt zur Wittembergisch Nachtigall, S. 23.
— mit Wißen, wol bewußt, mit gutem Grunde.

kauf ein Krainwetvogel oder zwelf. Es wirt nach Eßen meines gnedigen Herren Caplan mit etlichen Herren kommen und ein Panget halten. Trag die Bibel aus der Stuben hinaus und sich, ob Stein und Würfel all im Bretſpil ſein, und daß wir ein friſche
25 Karten oder zwo haben.

     K. Es ſoll ſein. Herr, wert ihr von Stunt an nach dem Umbgang heim her gen?

     Ch. Ja. Schau, daß Eßen bereit ſei.

              Philip. 3.
30   Ir Bauch ir Got.

---

321 Krainwet entſtellt aus Kranewit, Wacholder; Krammetsvogel. ein oder zwelf, etwa zwölf. — nach Eßen, zum Eßen. — 323 franz. banquet vom deutſchen Bant.

V.

Comedia.

Die ungleichen Kinder Eve

wie sie Got der Herr anret. hat neunzehn Personen
und fünf Actus.

1553.

———

Der Ernholt trit ein, neigt sich und spricht:

Heil und Genad von Got dem Herren
Sei al den, so von nah und ferren
Versamlet seint an dises Ort,
Zu hören da von Wort zu Wort
5 Ein Comedi und lieblich Gdicht,
Das ursprünglich hat zugericht
Im Latein Philipp Melanchthon,
Und nun zu Gut dem gmeinen Mon
Auch in teutsche Sprach ist gewent
10 Und helt in kurz das Argument:
Nach dem und Adam wart austriben
Vom Paradeis, darnach ist bliben
Auf Ert hartselig in Arbeit,
Wie Got der Herr ist auf ein Zeit
15 Herkomen in dis Jamertal
Zu trösten sie in dem Unfal
Und sein Kint zu examiniern,
Wie sie in Gottes Wort studiern.

— - — — —

V. Über Comedi und Tragedi siehe Einl. S. 10 V. 161. — Das
Personen-Verzeichnis s. hinten am Ende des Stückes. — Ernholt,
volksetymologische Umbildung von Herold. — 3 Ort ist auch im
Mittelalter masc. und neutr. — 7 Melanchthon erzählt die Geschichte
nach einem lat. Gedicht in einem Briefe an einen Grafen von Wied
1539, der in demselben Jahre gedruckt wurde. (Tittmann, Dicht. von
H. Sachs III. Einl. S. 38). — 9 gewen(de)t, übersetzt. — 11 und
zur Verstärkung der in der Bildung begriffenen Konjunktion nachdem:
vergl. V. 418. — 13 Hartselig, unglücklich, von Hartsälde, hartes
Geschick. — 14 Wie ist abhängig von V. 10 das Argument, die
Darlegung, wie Gott, nachdem Adam vertrieben worden war, einmal
gekommen ist.

Da Gott der Herr den Abel fint
20 Und seine gleichen ghorsame Kint,
Die im antworten auf den Tag
Verstendig wol auf alle Frag,
Das der Herr gleich hat ob in allen
Ein sonder herzlich Wolgefallen
25 Und segnet dieselben, auf Erden
Große und herlich Leut zu werden.
Nach dem aber der Herre Got
Anret den Cain und sein Rot,
Da fint er sie in Antwort bloß,
30 Unkönnent, glaublos und gotlos.
Darob der Herr unwillig ist,
Sagt in, sie werden in der Frist
Auf Erden gar hartselig Leut,
Und dem frommen Abel gebeut,
35 Das er sein Bruder underweis.
Das Abel tut mit allem Fleis.
Das verdreußt den Cain so ser,
Und aus des Satans Weis und Ler
Erschlegt er in aus Neit und Haß.
40 Darumb in Got straft, sagt im, das
Er fort auf Ert muß flüchtig sein.
Nach dem heißt Got die Engel sein
Des frommen Abel Leib begraben,
Tut Adam und Eva begaben
45 Mit einem frommen Son, dem Set,
Zum Erstgebornen in bestet,
Der sie forthin tröste auf Erden,
Wie ir solichs als sehen werden
Und hörn mit Worten und Geberden.

Eva trit ein und spricht:

50 Ich bin das armutseligst Weib
Beide an Sel und auch an Leib,

30 Im alten Druck: untündig. — 38 Weis, Art und Weise,
doch auch Anweisung. — 41 fort adv. fürder, fortan. — 46 bestaeten,
bestätigen. — 48 ir werdent. Die 2. plur. endigt urspr. auf nt. —
51 beide, adv. aus dem neutr. plur. = so wohl als auch.

Seit das ich folget an den Orten
Den schmeichelhafting süßen Worten
Der hellisch satanischen Schlangen,
55 Die mich hat listig hindergangen,
Sam hab uns Got aus Neit und Haß
Die Frücht verboten und auf das
Wir nicht im gleich auch Götter werden.
Es hab auf im gar kein Geserden,
60 Ob wir gleich dis Gebot verbrechen.
Got der wert es nicht an uns rechen,
Er sei nicht so grausam und streng.
Macht mit den Worten nach der Leng,
Das ich aß der verboten Frucht.
65 Derhalb ich forthin bin verflucht
Von Got und hab sein Gnad verlorn.
Ich bin nun auch austriben worn
Vom Paradeis, muß auf der Ern
Mit Schmerzen mein Kinder gebern,
70 Mich auch ducken vor meinem Man.
Ach, Got, groß Übel hab ich tan!

Adam komt und spricht:

Grüß dich Got, Eva, mein liebs Weib.
Ich bin ganz müd und matt von Leib.
Ich hab drauß graben und gehauen,
75 Das unfruchtbar Ertreich zu bauen.
Das ist mir also sauer worn,
Wann es tregt nur Distel und Dorn,
Auf das ich nach Gottes Geheiß
In meines Angesichtes Schweiß
80 Das hartselig Brot hab zu essen.
Wie bist so traurig auf Tür giessen,
Mein liebes Weib, was ligt dir an?

<hr>

56 sam, als wenn. — 59 Es habe gar nichts (keine Gefahr) auf
sich. — 63 Die Schlange sprach so lange. — 67 worn, 68 Ern
volksmäßige Verkürzungen für worden, Erden. — 77 wann, denn. —
81 auf oder in der Tür; am altdeutschen Hause war an dem Thür-
bogen ein Sitz angebracht. — 82 anligen einem, auf jemand lasten.

Ach was fragstu, mein lieber Man?
Ich bin ein Ursach diser Not,
85 Das wir eßen hartselig Brot,
Als ich im fronen Paradeis
Hab geßen die verboten Speis.
Dardurch lig wir, auch nit dest minder
All unser Nachkommen und Kinder
90 In Gottes Fluch und Ungenaden,
In immer ewiglichen Schaden,
Underworfen dem ewing Tot,
Darein uns hat gestoßen Got.
Derhalb mag ich auf diser Erden,
95 Dieweil ich leb, nicht frölich werden,
Sonder leben in Reu und Klag.

Adam spricht:

Ach mein Eva, nicht gar verzag,
Ob wir gleich vil leiden auf Erden.
Unser Fal muß gebüßet werden
100 Durch mancherlei Kreuz und Trübsal
Allhie in disem Jammertal.
Aber von dem ewigen Sterben
Wirt uns lösen und Hult erwerben
Des Weibs gebenedeiter Sam.
105 Drumb ist uns Got nit feint noch gram,
Sonder wirt sich bald unser Armen
Durch sein Güt und Milde erbarmen.
Ich hab von Gabriel vernommen,
Der Herr wert morgen zu uns kommen,
110 Bei uns halten ein hohes Fest,
Und uns solichs verfünden lest
Und wil schauen, wie wir Haus halten,
Auch wie wir unsrer Kinder walten,
Wie wir sie den Gelauben lern,
115 Auch wie sie Gott fürchten und ern,

_____

86 fron, was den Herrn (von Fro, Herr, fem. Frau) betrifft,
heilig, vergl. Fronleichnam. — 88 lig wir, s. IV 175. deit, desto. —
92 ewing, ewig. — 94 mag, in alter Bedeutung, kann. — 95 die-
weil in urspr. Weise temporal, so lange.

Nach dem wirt er uns leicht begnaden.
Darumb so tu die Kinder baden,
Strel in und schmück sie allesant
Und leg in an ir Feiergwant.
120 Kere das Haus und streu ein Gras,
Auf das es hierin schmeck dest baß,
Wenn Got der Herr komt morgen rein
Mit den lieben Engelen sein.

Eva spricht:

O Adam, mein herzlieber Man,
125 Soliches wil ich alles tan,
Weil Got der Herr wil kommen rein.
Ach, Lob sei Got, dem Schöpfer mein,
Das er doch noch an uns gedenket
Und in dis Ellent zu uns lenket
130 Aus seinen veterlichen Gnaden!
So wil ich heint die Kinder baden
Und das Haus schmücken um und um,
Auf das, wenn morgen der Herr kum,
Das es als rein und sauber sei,
135 Das er uns segn und benedei.
Ich hoff und glaub, er wert es tun.

Adam spricht:

Wo ist Abel, mein lieber Sun?

Eva spricht:

Er ist dauß und füttert die Schaf.
Er ist from und gibt umb die Straf,
140 Gotsfürchtig und sucht Gottes Er,

---

118 sträleu mit Dativ, kämmen. Sträl, der Kamm. — 120 ein
Gras. Der unbestimmte Artikel steht auch im mhd. neben Stoffbezeichnun=
gen, wenn eine bestimmte Menge des Stoffes gemeint ist. siehe X 303.
Noch heut sagt man in Nürnberg und sonst: ein Bier trinken, bring
mir eine Milch. — 121 schmecken wie im Mittelalter, riechen. —
125 tan für tun im Reim auf Man ist aus der Mundart zu erklären,
in der man ton: Mon sprach. — 131 heint (aus hiu nachtu), heut
Nacht. — 135 benedeien aus benedicere. — 138 dauß aus: da
außen V 223. — 139 Er giebt etwas auf die Straße, ist nicht gleich=
gültig dagegen.

Auch mit im andre Kinder mer,
Darob ich ganz erfreuet bin.

Adam spricht:

Wo ist denn unser Son Cain,
Der Wüstling und bös Galgenstrick?

Eva spricht:

145 Ach wenn ich sein denk, ich erschrick.
Was solt das Belialtskint tun?
Ich hieß den ungehorsamen Sun,
Er solt Holz tragen in das Haus.
Da floch er nur und lof hinaus
150 Und tet mir lang herwider murren.
Tut etwan auf der Gaß umbschnurren
Und schlegt sich etwan mit den Buben,
Kan in nicht bhalten in der Stuben.
Vom Himmel so scheint auch kein Tag,
155 Es komt über in etlich Klag.
Dasselbig quelet mir mein Herz.

Adam spricht:

Mich peinigt auch die Forcht mit Schmerz,
Wir werdn nichts Guts an im erleben,
Weil er wolt umb kein Straf nie geben.
160 Er ist ganz gotlos und mutwillig,
Handelt mit Wort und Werk unbillig,
Die andern Kinder auch verfürt
Auf Schalkheit, das sich nicht gebürt.
Er steckt aller Untugent vol.

Eva spricht:

165 O, solichs weiß ich selber wol.
Da komt Abel, der liebe Sun.
Hastu die Scheflein füttern tun?
Ge, such Cain, den Bruder dein,
Und sag im, das er kom herein.

146 ›Lose Leute und Kinder Belials‹ 2. Chron. 13, 7. belijal, hebr.
Nichtsnutzigkeit: als Teufelsname erst im N. T. gebraucht. — 149 lof,
auch sonst bezeugte Nebenform für lief. — 151 schnurren, sausen,
sausend schnell laufen. — 154 Es vergeht kein Tag, wo nicht. — 159
vergl. V. 139.

Abel spricht:

170 Ja, liebe Muttr, das tu ich gern.
Förcht doch, er wert mich schlagen wern,
Wenn ich in heiß her heimer gan.

Eva spricht:

Ei, er wirt dir gar nichts nicht tan.
Wir haben von eim Engl vernommen,
175 Der Herr wert morgen zu uns kommen.

Abel spricht:

Ach, des freu ich von Herzen mich,
Das den Herren sol sehen ich,
Von dem mir vil gesaget hat
Du und der Vater frü und spat.
180 Nun ich wil suchn den Bruder mein.

Adam spricht:

So wöll wir in das Haus hinein,
Das zieren auf das schönst und best
Auf Got und die englischen Gest,
Und wöllen das in allen Ecken
185 Mit schön grünen Meien bestecken,
Das es wirt lustig und wol schmecken.

Sie geen alle ab.

Actus 2.

Abel get ein, ret mit im selbs und spricht:

Wo sol ich nur den Cain finden?
Er ist etwan unter den Kinden.
Hab in lang gesucht hin und her,
190 Kont nicht wol wißen, wo er wer.
Schau, schau, wer lauft so gschwint herein?
Es wirt warlich mein Bruder sein.
Er ists, es ist nicht recht zugangen,
Er hat abr ein Unglück angfangen.
195 Cain, Cain, wann her so geschwint?

---

171 wern, geben, vollziehen: es ist unser: gewähren: also schlagen
wern = schlagen. — 173 über den Reim siehe zu V. 125. — 186 siehe
zu Vers 121. — 194 aber, abermals. — 195 wann her, von wan-
nen, von wo.

Cain komt und spricht:

Wer ruft mir? Schau, du Muttertint,
Bist dus? Jch het ein Lust zu wagen,
Die Faust dir an dein Kopf zu schlagen.

Abel spricht:

Cain, kom herein schnelliglich,
200 Die Mutter die muß waschen dich.

Cain spricht:

Jch hab iezunder ein gewaschen!
Hetn mich die Buben tun erhaschen,
Sie heten wider gwaschen mich.

Abel spricht:

Du fleißt allmal des Haders dich.
205 Jch mein, du wölst ein Mörder wern.

Cain spricht:

Jch wils einmal versuchn auf Ern
An dir, du Schalk, hastus vernommen?

Abel spricht:

Got der Herr wird morgn zu uns kommen
Mit den lieben Engelen sein.
210 Drumb mach dich auf und kom herein,
Das du dich badest, schmückst und zierest,
Auf das Fest den Herren glorierest.

Cain spricht:

Das Fest sei gleich hoch oder nider,
Ficht mich nicht an, ich wil gen wider
215 Zum Spil und meinen Spilgesellen.

Abel spricht:

Ei kom, du must dich auch darstellen
Dem Herrn als ein gotselig Kint.

---

201 Jch habe jetzt eben einen gewaschen: bildlich, vergl. V. 204.
— 212 glorieren, rühmen.

Cain spricht:

Ich wil mich wol listig und gschwint
Stellen, sam ich gotsfürchtig sei,
220 Doch bleiben wol ein Schalk darbei.
Wer sagts, das Got wert zu uns kommen?

Abel spricht:

Ich habs von der Mutter vernommen.

Cain spricht:

Der Herr blib mir vil lieber daußen.

Abel spricht:

Ach, wie magstu so gotlos hausen?
225 Betn wir nicht, das Got zu uns kum
Und uns behüte umb und um?

Cain spricht:

Hab also wol bet heur und fert,
Doch seiner Zukunft nie begert.
Ich nem dis Lebn, das Got hat geben
230 Und ließ Got sein ewiges Leben.
Wer weiß, wie es dort zu wirt gen.

Abel spricht:

Wie magstu also gotlos sten,
Förchstu dich denn nicht vor der Hel?

Cain spricht:

Was Verdamnus, o lieber Gsell!
235 Der Vater sagt wol vil darvon,
Das ich doch nie geglaubet hon.

Abel spricht:

Du wirsts einmal wol innen wern.

Cain spricht:

Du Lecker, wiltu mich erst lern?
Ich weiß wol, was ich glauben sol.

---

218 geschwinde, schnell, kühnlich. — 219 sam, als ob. — 223
daußen, siehe zu Vers 138. — 227 heuer = hiu jâru, in diesem
Jahre. fert = ferne (firn), im vorigen Jahre. — 228 Zukunft, das
Antommen. — 238 Lecker, von lecken abgeleitet, heißt auch allgemein:
Schelm.

240 Wil mich der Herr nicht haben wol
Im Himl, mich hat der Teufel gern.

Abel spricht:

Kom, Cain, wie magst so gotlos wern?
Der Vater sagt, du solt bald kommen.

Cain spricht:

Ich hab es wol von dir vernommen.
245 Wenn ich nicht fürcht die Ruten mer
Denn Gottes Ghorsam, Forcht und Er,
So blib ich in der Gaß herunden,
Kem noch nicht heim in zweien Stunden.

Sie gen beide ab.

Adam und Eva kommen.

Adam spricht:

Wenn kommen unser Sön herein?

Abel get ein.

Eva spricht:

250 Da kommt unser Abel allein.

Adam spricht:

Abel, wo bist gewest so lang?

Abel spricht:

Ich hab getan ein weiten Gang
Und sucht Cain, der lof daher
Und brummet wie ein wilder Ber,
255 Het sich mit den Buben geschlagen.

Eva spricht:

Ach, lieber Got, ich muß dirs klagen,
Was sol wir mit dem Lecker tun?

Adam spricht:

Wo ist der ungeraten Sun?

Abel spricht:

Er sitzet daußen vor der Tür
260 Und schauet gar tückisch herfür.

---

242 wern, werden. — 245 fürcht(ete). — 253 loi siehe zu
Vers 149. — 257 sol wir siehe zu IV 175.

Adam schreit naus:

Cain, Cain, wo bist du?
Kom rein zu mir und hör mir zu.

Cain ret mit im selbs:

Du rufest noch wol dreimal mir,
E das ich gib ein Antwort dir.

Adam spricht:

265 Wo bleibst, Cain? Kom rein zu mir!

Eva spricht:

Kom, Cain, der Vater ruft dir.

Cain spricht:

Ich sitz allhie. Wo solt ich sein?

Adam spricht:

Laß baden dich und kom herein,
Kemmen und putzn auf den Festtag,
270 Dich zieren nach des Herren Sag,
Zu opfern, betn und Predig hörn.

Cain spricht:

Ach, was wilt mich damit betörn!
Ich wolt, das Opfr, Predig und Bet
Nie wer erdacht, wann ich wolt spet
275 Vil liber Füchs und Hasen jagen,
Denn hören viel vom Glauben sagen,
Oder mit bösen Buben laufen,
Spilen und mit in schlagn und raufen.

Adam spricht:

Ach, du lest von deiner Schalkheit nicht,
280 Du bist gotlos und gar entwicht.
Gott wirt morgn kommn, verhören fast,
Was du Gutes gelernet hast.

Cain spricht:

Des Guten wirt nicht gar vil sein,
Ich wil dem Herren wol allein

---

270 Sag, Befehl. — 280 entwicht aus inwiht oder inwicht = nichts. — 281 fast, sehr.

285 Opfern ein große Garben Stro
Für mein Gebet, des wirt er fro.

Adam spricht:

Unserm Herren ist mer allwegen,
Vil mer an dem Ghorsam gelegen,
Denn an Opfer warhaftiglich.
290 Drumb laß auf das Best baden dich,
Dast erscheinst vor dem Herren rein.

Cain spricht:

Ich wil wol ungewaschen sein.
Wenn mich die Buben tun erhaschen,
Wert ich wol umb den Kopf gewaschen,
295 Das mir rinnt übers Maul das Blut.

Eva spricht:

Hör, was der Lecker sagen tut!
Weil er nicht wil gebadet sein,
So bleib er ein Unflat allein.

Cain spricht:

Ja, Mutter, du retst recht darvon.
300 Auf die Weis wil ich bleiben nun.

Eva spricht:

So kom, Abel, laß waschen dich
Samt andern Kinden ghorsamlich,
Wenn der Herr morgen ein wirt gan,
Das ir sauber vor im tut stan.
305 So wird der Herr den Cain finden
Mit andern ungehorsam Kinden
Unlustig, zottet wie die Seu,
Sam sint sie glegen in der Streu,
Ein wüste, zerhaderte Rot.

Abel spricht:

310 Ja, Mutter, ich wil dir und Got
Gar willig und gehorsam sein,

---

288 vergl. 1. Samuelis 15, 22. — 291 Dast, daß du. — 307 un-
lustig, mißvergnügt, und: Mißvergnügen erregend, wie V. 316. — zot-
tet, zottig. — 309 zerhadert, zerzaust.

Dieweil ich hab das Leben mein,
Samt andern frommen Kinderlein.
Sie gen alle ab.

Actus 3.

Adam und Eva gen ein und Abel selb sechst und Cain auch selb sechst.

Adam spricht:
Eva, ist das Haus auch gezirt,
315 Auf das, wenn der Herr kommen wirt,
Das es als schön und lustig ste,
Wie ich dir hab befohlen e?

Eva spricht:
All Ding war schon zubereit
Ja nechten umb die Vesperzeit.

Adam spricht:
320 Ir Kinderlein, ich sich den Herrn
Mit seinen Engeln kommn von fern.
Nun stellt euch in die Ordnung fein,
Und bald der Herre trit herein,
Neigt euch und bietet ihm die Hent.
325 Schau zu, wie stellt sich an dem Ent
Der Cain und sein Galgenrot,
Sam wöllen sie fliehen vor Got!

Der Herr get ein mit zweien Engeln, gibt in den Segen und spricht:
Der Frid sei euch, ir Kinderlein!

Adam hebt seine Hent auf und spricht:
O himelischer Vater mein,
330 Wir danken in unserm Gemüt,
Das du uns Sünder durch dein Güt
Heimsuchst in unser Angst und Not.

Eva hebt ir Hent auf und spricht:
Ach, du treuer Vater und Got,
Wie soll wirs verdienen umb dich,
335 Das du komst so demütiglich

---

312 dieweil, so lange. — 316 lustig, Lust erregend. — 318 nech=
ten, in voriger Nacht oder gestern Abend. — 323 bald, so bald als.
— 327 sam, als ob. — 332 heimsuchen, besuchen: jetzt immer mit
schlimmer Nebenbedeutung. — 335 demütig von dienen: hilfsbereit,
herablassend.

Zu uns Ellenden an dies Ort.
Dieweil ich hab veracht dein Wort
Und gefolgt der hellischen Schlangen,
Da ich die größt Sünt hab begangen
340 Wider dich, drumb wird mein Gewißen
Bekümmert, geengst und gebißen.

Der Herr spricht:

Mein Tochter, sei zufriden eben,
Deine Sünt seien dir vergeben.
Wann ich bin barmherzig und gütig,
345 Genedig, treu und gar langmütig,
Ein Vater der trostlosen Armen.
Ich wirt mich über euch erbarmen,
So ich euch jent in meinem Namen
Des verheißenen Weibes Samen.
350 Der wirt von Übel euch erlösen,
Zertreten die hellischen bösen
Schlangen. Doch mitler Zeit und fort
Solt ir euch halten an mein Wort
Mit eim festen und starken Glauben,
355 Und laßt euch des niemant berauben.
Das sol dieweil euer Trost sein.

Adam spricht:

O himelischer Vater mein,
Des sei dir Lob, Dank, Preis und Er
Jetzunt ewig und immer mehr.
360 Nun, ir Kinder, euch hieher macht
Mit Reverenz den Herrn entpfacht.
Sich, sich, wie sich der Cain stelt,
Mit seiner Rot so ungschickt helt
Und went unserm Herrgot den Rück.
365 Went euch und habt euch als Unglück,
Entpfacht in nach einander rum.

---

336 Ort neutr. B. 4. — 341 geengst, geängstigt. — 347 ich
wirt, richtige hochdeutsche Form der 1. praes., wie ich nim. — 349
Statt des sollte man den erwarten. — 351 Schwacher Accus. sing. —
352 inzwischen und fortan. — 361 entpfacht, empfahet. — 365 habt
euch als Unglück, enthält wohl eine Drohung. euch ist Dativ: alles
Unglück soll euch treffen, wenn ihr es nicht thut.

5*

Cain entpfecht den Herren mit der linken Hant und spricht:

Herre, nun biß mir willekum.

Eva spricht:

Ei reicht ir denn an diſem Ent
Unſerm Herrgot die linken Hent,
370 Ziecht auch nicht eure Hüttlein ab,
Wie ich euch vor geleret hab,
Ir groben Filz on Zucht und Er?
Mein Abel, kum zum Herren her
Samt den ghorſamen Brüdern dein,
375 Empfahet Gott den Herren fein.

Abel beut dem Herrn die Hant ſamt den frommen Kindern und ſpricht.

O Herr Got, du himliſcher Vater,
Ich dank dir, du höchſter Woltater,
Der du dich unſr ſo gnediglich
Annimſt, wer kan volloben dich!

Der Herr ſpricht:

380 Abel und diſe fünfe ſint
Gehorſam, wolgezogne Kint.
Komt, tut neher zu mir her treten.
Saget mir her, wie, könt ir beten?

Sie legen die Hent zuſammen.

Abel ſpricht:

O Vater in dem Himelreich,
385 Wir bitten dich andechtiglich,
Du wölſt uns ſenden allermeiſt
Dein heiligen himliſchen Geiſt,

---

367 biß eigentlicher imper., wofür ſpäter der Konj. eintrat. —
368 an diſem Ent, räumlich oder zeitlich: hier, jetzt. — 374 Die
folg. Namen ſind aus den frommen Nachtommen Seths genommen. —
379 volloben, ansloben, ſchon im Mittelalter gebräuchliche Zuſammen-
ſetzung. — 383 Das folgende erinnert an die von Luther eingeſetzten
und teilweiſe ſelbſt abgehaltenen Viſitationen (von 1528 an). Mat-
theſius erzählt, daß er dabei die armen Bäuerlein über das Beten und
die chriſtlichen Hauptſtücke befragt und unterrichtet habe. Köſtlin,
Luther II 40. 50. Auch ſind Anklänge an Luthers Lied „Vater unſer
im Himmelreich" vom Jahre 1539 unverkennbar.

Der uns erleucht mit der Lieb Flammen,
Das wir heiligen deinen Namen
390 Und den in Nöten rufen an.
Laß uns kein falsche Zuflucht han
Zu irgent einer Creatur,
Dardurch dein Nam geleſtert wur.

Set, der ander Bruder, ſpricht:
Himliſcher Vatr, wir bitten gleich,
395 Laß uns zukommen auch dein Reich
Durch dein heilig tröſtliches Wort,
Das uns dasſelb regiere fort.
Laß das unſer Lucerne ſein,
Darnach wir wandeln allgemein.

Jared, der dritt, ſpricht:
400 Laß dein Willen gſchehen auf Erden,
Wie bei den Engln im Himel werden,
Das wir ganz leben nach deim Willen.
Hilf unſer böſe Natur ſtillen,
Durch Kreuz und Leiden teglich dempfen,
405 Daß unſer Geiſt mög freudig kempfen,
Dem Fleiſch und Blut mög angeſigen,
Das er ſich muß ducken und ſchmigen
Samt der Vernunft, das nur allein
In uns gſchech der gut Wille dein.

Enoch, der viert, ſpricht:
410 Auch bitt wir, allmechtiger Got
Vater, umb unſer teglich Brot
Und alle Notturft über Tag,
Das alles uns durch dein Zuſag
Zufellt gnedig zu aller Zeit.
415 Herr, bhüt uns vor der Geizigkeit,
Die ein Wurzel als Übels iſt,
Und vergib uns in diſer Friſt

393 wur, würde. — 397 fort, fortan. — 398 Lucerne, Leuchte.
— 406 angeſigen einem, den Sieg über jemand erringen. — 407
daß unſer Geiſt ſich Gottes Geiſte unterordne. — 410 bitt wir, ſiehe
zu IV 175.

Unser Schult, wie und wir vergeben
Unsern Schuldnern von Herzen eben.

    Matusalach, der fünft, spricht:
420 Ach himlischer Vater, ich bitt,
Für uns auch in Versuchung nit,
Sondern sterk uns durch deinen Geist,
Zu überwinden allermeist
Bestendiglich alle Anfechtung
425 In allr Trübsal und Durchechtung,
Und uns genediglich erner
Vor Ketzerei und falscher Ler
Des Satanas und seiner Glider.
Da hilfe uns, Herr, kempfen wider.

    Lamech, der sechst, spricht:
430 Auch bitt ich, Herr, tu uns erlösen
Vor allem Übel und dem Bösen
Beide an Leib und auch an Sel,
In aller Angst, Not, Pein und Quel
Durch dein gebenedeiten Samen,
435 Den du uns hast verheißen. Amen.

    Der Herr spricht:
Abel, was heißt das Wort Amen?

    Abel spricht:
Das wir darbei erkennen denn
Ungezweifelt, du wertjts als tan,
Was wir von dir gebeten han.

---

418 und wird öfter bedeutungslos nach Konjunttionen eingeschoben, vergl. V 11. — 425 Durchächtung, Verfolgung, siehe I 5. — 426 erner, erhalte, bewahre. — 429 hilfe mit unorganischem e. — 437 Anklänge an Luthers Katechismus, auch an den großen, sind nicht zu verkennen. Es heißt da zur 7. Bitte: Aber da liegt die Macht an, daß wir auch lernen Amen dazu sagen, das ist, nicht zweifeln, daß es gewißlich erhöret sei und geschehen werde. Denn es ist nichts anders, denn eines ungezweifelten Glaubens Wort, der da nicht auf Abenteuer betet, sondern weiß, daß ihm Gott nicht leuget, weil ers verheißen hat zu geben.

Der Herr spricht:

440 Set, warbei bistu gwis auf Ert,
Das dein Gebet erhöret wert?

Set spricht:

Bei deinr Verheißung wir das han,
Die uns nimmermer felen kan.
Wann du bist ein Got der Warheit,
445 Was du verheißt, das gschicht allzeit.

Der Herr spricht:

Jared, wenn Got nit gibt, was man
Bitt, was muß denn der Gläubig tan?

Jared spricht:

Da sol er gar nicht laßen ab
Zu hoffen, sonder sich fest hab
450 An Gottes gnedige Zusag,
Die genzlich nicht ausbleiben mag.
Got allein weiß die rechten Zeit.

Der Herr spricht:

Enoch, wenn Got verzeucht gar weit
Zu geben, warumb geschicht das?

Enoch spricht:

455 Es geschicht, das wir dester bas
Dardurch uns üben in dem Glauben,
Laßen die Prob uns nicht berauben,
Sonder bleiben in Hoffnung stet.

Der Herr spricht:

Matusalach, wenn das Gebet
460 Von Got bleibet gar ungewert,
Sag, was gedenket ir auf Ert,
Wo bleibet alsdenn euer Hoffen?

Matusalach spricht:

Aus dem wirt dem Glaubing frei offen,
Weil Got die Gab nicht geben tut,

---

440 warbei, wobei. — 449 sich haben an, sich halten an. —
457 Prob, Prüfung. Die Prüfung soll uns nicht den Glauben rau=
ben. — 460 ungewährt. — 463 Hieraus wird dem Gläubigen offenbar.

465 Das im gar nicht wer nütz und gut,
Wo er im die selb Gab hat geben.

Der Herr spricht:

Jr habt geantwort wol und eben
All sechs vom heiligen Gebet,
Wie ir das treibet frü und spet.
470 Könt ir auch die zehen Gebot?

Lamech spricht:

Ja himlischer Vater und Got.
Hilf, das wir sie verbringen tunt,
Wie wirs bekennen mit dem Munt.

Der Herr spricht:

Abel, wie heißt das erst Gebot?

Abel spricht:

475 Du solt glauben an einen Gott,
Nicht fremde Götter nebn im han.

Der Herr spricht:

Wie verstehst du das? zeig mir an.

Abel spricht:

Wir solln Got übr all Ding schauen,
Jn fürchten, lieben und vertrauen.

Der Herr spricht:

480 Set, wie heißt das ander Gebot?

Set spricht:

Du solt den Namen deines Got
Nicht unnützlich und spötlich nennen.

Der Herr spricht:

Was ist das gsagt? Tu mir bekennen.

Set spricht:

Wir solln Got förchten, liebn und ern,
485 Bei seim Namen nit fluchn und schwern,

472 verbringen, vollbringen. — 475 ff. vgl. Luthers kl. Katechismus.

Zaubern, liegen noch betriegen,
Sondern in loben unverschwiegen.

Der Herr spricht:
Jared, wie heißt das dritte? sag.

Jared spricht:
Du solt heiling den Sabbattag.

Der Herr spricht:
490 Was gebeut Got an disem Ort?

Jared spricht:
Das wir solln hören Gottes Wort
Und uns Got genzlichen ergeben
Mit Gedanken, Wort, Werk und Leben.

Der Herr spricht:
Enoch, was tut das vierte lern?

Enoch spricht:
495 Du solt Vater und Mutter ern.

Der Herr spricht:
Wie verstest das Gebot allein?

Enoch spricht:
Wir solln den Eltern ghorsam sein,
In dienen, sie haltn lieb und wert,
So wert wir lang leben auf Ert.

Der Herr spricht:
500 Matusalach, zeig das fünft Gbot.

Matusalach spricht:
Du solt Niemant schlagen zu Tot.

Der Herr spricht:
Was ist das giagt, du mich beicheit.

---

489 heiling, verkürzter Jnfinitiv: vgl. II, 505. 506. — 493 Was
ist denn heilig halten? Nichts anders, denn heilige Worte, Werke und
Leben führen . . . daß man Gottes Wort handele und sich darin übe.
Luthers Gr. Katech. zum 3. Gebot. — 496 allein, aber. — 499 wert,
werden wir. — 502 beicheide mich.

Matusalach spricht:

Wir solln dem Nechsten tun kein Leit,
Sonder vor Schaden bhütn auf Ern,
505 Im tun, wie wir von im begern.

Der Herr spricht:

Lamech, tu mir das sechst aussprechen.

Lamech spricht:

Das heißt, du solt nicht eebrechen.

Der Herr spricht:

Wie tust du das Gebot verstan?

Lamech spricht:

Wir solln ein züchtig Leben han
510 In Gedanken, Werken und Worten
Im Estant und an allen Orten.

Der Herr spricht:

Abel, wie heißt das sibent Gebot?

Abel spricht:

Du solt nicht stelen, so spricht Got.

Der Herr spricht:

Sag, wie man das vernemen tut?

Abel spricht:

515 Da soll wir dem Nechsten sein Gut
Nicht entfremden oder abliegen
Mit Wucher, Raub oder Betriegen.

Der Herr spricht:

Set, wie heißt das acht? sag mir eben.

Set spricht:

Du solt kein falsche Zeugnus geben
520 Widr den Nechsten aus Neit und Has.

Der Herr spricht:

Sag mir, wie verstestu das?

---

504 Ern s. zu 68. — 505 vergl. Matth. 7, 12. — 514 ver-
nemen, begreifen, verstehen. — 516 abliegen, durch Lügen ent-
wenden. — 519 Zeugnisse, so lautet die alte Form, ist fem. und neutr.

Set spricht:

Mit Nachret solt niemant verliegen,
Verraten, versagn noch betriegen,
Nicht verkleinern an Grücht und Ern.

Der Herr spricht:

525 Jared, was tut das neunte lern?

Jared spricht:

Solt nicht begern deins Nechsten Haus.

Der Herr spricht:

Sag mir, was lerest du daraus?

Jared spricht:

Wir sollen nicht begern im Lant
Des Nechsten Würt, Er oder Stant,
530 Im nicht geserlich darnach stelln.

Der Herr spricht:

Enoch, das zehent tu erzeln.

Enoch spricht:

Solt nicht begern, das zehent sagt,
Deins Nechsten Weib, Knecht oder Magt
Viech oder deines Nechsten Gut.

Der Herr spricht:

535 Sag, was das selb gebieten tut?

Enoch spricht:

Das wir Weib und Gsint nit verfürn
Dem Nechsten, das nicht tut gebürn,
Abspenen und abwendig machen.

Der Herr spricht:

Ir habt ganz recht zu allen Sachen
540 Geantwort, lieben Kinderlein.

---

522 verliegen, durch Lügen schädigen, verleumden. — 523 ver-
jagen, verleugnen, verleumden. — 524 Grücht, Ruf. — 527 leren
wird schon im Mittelalter mit lernen gleichbedeutend gebraucht. —
530 gefärlich, hinterlistig. — 538 spenen dass. wie spanen, locken,
reizen (nicht = spannen), vergl. die Erklärung Luthers zum 10. Gebot.

Sagt, ob ir auch fönt allgemein
Euren Gelauben hie bekennen.

Sie sprechen alle ja.

Der Herr spricht:

Tut mir die Stück des selben nennen.

Abel spricht:

Ich glaub in Got den Vater wert,
545 Ein Schöpfer Himels und der Ert.

Set spricht:

Ich glaube auch an den Heilant,
Der von dem Himel wirt gesant,
Der dem Satan den Kopf zertrit
Und menschlich Gschlecht erlöset mit.

Jared spricht:

550 Ich glaub auch an den heiling Geist,
Der uns auch tröstet allermeist.

Enoch spricht:

Ich glaub auch ein heilige Gmein,
Die all himlische Burger sein.

Matusalach spricht:

Ich glaub auch Vergebung der Sünt,
555 Die durch den Heilant wirt verkünt.

Lamech spricht:

Ich glaub ein Auferstehung eben
Des Fleischs und ein ewiges Leben.

Der Herr spricht:

Abel, was heißt Glauben in Got?

Abel spricht:

So wir auf in in aller Not
560 Uns verlaßen und auf in schauen,
Als ein Vater von Herzen trauen.

544 in Got vgl. II, 387. — 556 eben, ebenso.

Der Herr spricht:
Was heißt ein Schöpfer Himl und Erden?

Set spricht:
Das all Creatur durch in werden,
Und die er auch durch sein Gewalt
565 Allzeit erneret und erhalt.

Der Herr spricht:
Was heißt glauben an heiling Geist?

Jared spricht:
Da hoff wir auf in allermeist,
Das er uns unser Herz erleucht
Mit Glaub, Hoffnung und Lieb durchfeucht.

Der Herr spricht:
570 Was heißt denn die heilig Gemein?

Enoch spricht:
Sint alle die, so glaubig sein
An den Messiam und Heilant,
Der vom Himel wirt her gesant.

Der Herr spricht:
Was ist denn Vergebung der Sünden?

Matusalach spricht:
575 Das ist, das uns Got letzt verkünden,
Das uns durch den künftig Heilant
Ablaß der Sünden wirt bekant.

Der Herr spricht:
Was ist denn des Fleischs Urstent?

Lamech spricht:
Das wir werden nach dem Elent
580 Von den Toten wider ersten
Und in das ewig Leben gen.

Der Herr spricht:
Ir Kintlein, ir könt meine Wort.
Nun faret darin immer fort;

578 Urstende, Erstehung, Auferstehung. — 580 ersten, auferstehen.

Darzu wil ich geben mein Geist,
585 Der euch leret, tröstet und speist,
Das ir komt zum ewigen Leben.
Wil auch in dieser Zeit euch geben
Glück unde Heil auf diser Erden,
Das groß Leut aus euch sollen werden,
590 Als König, Fürstn und Potentaten,
Gelert, Prediger und Prelaten,
Auf das in Eren wert erkant
Euer Nam rumreich in all Lant.
Darzu so habt euch meinen Segen,
595 Der bleib auf euch iezt und allwegen.

Raphael der Engel spricht:
Zu Lob wollen wir Got hofieren
Mit Seitenspil, Singen, Quintieren,
Dieweil sein Gnad stet ganz aufrecht
Zu dem ganzen menschlichen Gschlecht,
600 Wie ers zum ewing Leben brecht.
Sie gen alle ab.

Actus 4.

Cain get ein mit seiner bösen Rot samt dem Satan und spricht:
Wie sol wir armen Schlucker tan,
Wenn uns der Herr auch redet an,
Das wir im sollen Antwort geben
Vom Glaubn, Gebet, Gebot und Leben?
605 Ich weiß im zu antworten nicht.

Satan der Aufrürisch spricht:
Solch Disputiern mich nicht ansicht.
Het ich darfür Würfel und Karten,
Der wolt ich fleißiger auswarten.
Oder zu spilen in dem Bret
610 Wer lieber mir denn das Gebet,

---

596 hofieren, aufwarten, dienen, auch musicieren. — 597 Quin-
tieren, Singen (von Quinte). — 598 seine G. ist bereit für das ganze
Menschengeschlecht. — 601 beachte die Namen, welche mit ihren Eigen-
schaften berüchtigten Menschen des A. Test. entlehnt sind. — Über Satan
vgl. 4. Mose 16, Nabal 1. Sam. 25, 36. — 608 auswarten, acht
geben, dabei sein.

Da mir etwan geriet ein Schanz.
Mit dem Glauben ich gar und ganz
Den meinen Kopf nicht brechen wil.

Nabal der Vol spricht:

O du haft meines Kopfs auch vil,
615 Der Predig tu ich nicht nachlaufen.
Het ich zu freßen und zu saufen
Die Nacht bis an den hellen Morgen,
Got ließ ich für sein Himel sorgen.

Achan der Dieb spricht:

Mir ist auch, wie du haft gemelt.
620 Het ich groß Reichtum, Gut und Gelt,
Wer gleich, mit Wucher oder Betriegen,
Mit Stelen, Rauben oder Liegen,
Wer mir auch lieber wann die Schrift,
Dieweil man sich daran vergift
625 So mit mancherlei Ketzerei,
Aberglauben und Schwirmerei.
Des wil der Schrift ich müßig gen.

Esau der Wollüstig spricht:

Ir Brüder, ich tu bei euch sten.
Mich erfreut wenig Gottes Wort.
630 Het ich dafür an disem Ort
Auf Erden allerlei Wollüst,
Darmit ich meinen Fürwiz büßt,
Denn wer ich wol content darmit.

Nimrot der Tyran spricht:

Ir Brüder, ich hab auch den Sit,
635 Ich wolt vil lieber gwaltig sein
Und herschen in der Welt gemein

611 Schanz, Wurf, aus frz. chance. vergl. VI 40. — 613 der
Vol, in Völlerei lebende. — 614 Ich stimme ganz mit dir überein. —
615 Predige f. zu VI 506. — 621 wer gleich, es wäre gleich, ob
durch. — 623 wann, als. — 624 beachte, welche Angriffe auf die
Evangelischen hier und im folg. gekennzeichnet werden. — 627 des,
darum. — 631 Wollust, Vergnügen vergl. Vers 649. — wollüstig,
vergnügungssüchtig. — 632 Fürwiz, Übermut. — büßen heißt eig.
ein Übel wegschaffen, dann genug tun. — 634 Sit, Sitte ist in der
älteren Sprache Mask. — 636 gemein, allgemein.

Über die Reichen und die Armen
Und Krieg füren on als Erbarmen.
   Wann ich kan ringen, kempfn und fechten
640 Vor Fürsten, Rittern und vor Knechten.
Das kan ich baß denn disputirn,
Wil darmit schwechen nicht mein Hirn.
Geb ich nicht ein guten Tyranen?

      Satan, der Teufel, spricht:
Ir seit all unter meinem Fanen.
645 Darumb kert euch nur nit an Got,
Veracht seine Wort und Gebot.
Ich bin ein Fürst der ganzen Welt,
Kan schaffen euch Gwalt, Er und Gelt.
Da mögt ir allm Wolluft nachlaufen,
650 Spilen, bulen, freßen und saufen
Und euch der jungen Tag wol nieten.
Tut unserm Herrgot den Trotz bieten,
Seit auch unghorsam Muttr und Vater.
Ich wil wol sein euer Woltater,
655 Euch genug schaffen hie auf Ert,
Als was nur euer Herz begert.

Der Herr get ein mit Adam und Eva, der Satan verbirgt sich.

      Der Herr spricht:
Cain, kom her mit deiner Rot,
Sag mir an, wie bet ir zu Got?

      Cain spricht:
Ach, Herr, wir haben sein vergeßen.

      Der Herr spricht:
660 Bei deiner Red kan ich ermeßen,
Das ir sein nicht vil habt gelert,
Sonder eur Sinn auf Schalkheit kert.
Nun, was du kanst, das bet mir her.

---

640 Vor, besser als. — 644 Fane ist auch im Mittelalter schwaches
Masculinum. — 651 sich nieten, eifrig sein, in Fülle genießen. —
661 sein, Genit. von es, abhängig von vil. — leren siehe zu V. 527.

Cain spricht:

O Vater Himel unser,
665 Laß uns allhie dein Reich geschehen,
In Himel und in Erden sehen.
Gib uns Schuld und teglich vil Brot
Und alles Übel, Angst und Not. Amen.

Der Herr spricht:

Wer lert dich das verkert Gebet?

Eva spricht:

670 Ach, lieber Herr, ich lert in stet.
Es hilft kein Straf; was ich tu sagen,
Er tut es als in den Wint schlagen
Samt denen, so hie bei im stan,
Namen kein Zucht noch Straf nie an,
675 Tunt aller Hoffnung mich berauben.

Der Herr spricht:

Du, Datan, sag mir her den Glauben.

Datan spricht:

Ich glaub an Got, Himel und Erden,
Und auch des Samens Weib muß werden,
Und des heiligen Geistes Namen,
680 Die Sünde, Fleisch und Leben. Amen.

Der Herr spricht:

Ist so kurz deines Glaubens Grunt?

Datan spricht:

So vil ich kaum behalten kunt.

Der Herr spricht:

Nabal, sag her die zehn Gebot.

Nabal spricht:

Herr, ich dacht nie, das es tet not,
685 Das ich sie lert. Ich kan ir keins.

Der Herr spricht:

Achan, du aber sag mir eins,
Gedenkst du auch selig zu werden?

---

678 was gemeint ist zeigt Vers 840 folg.

Achan spricht:

Ich weiß wol, wie es stet auf Erden,
Wies dort zuget, das weiß ich nicht.
690 Doch wenn mich Got darzu versicht,
Das ich auch selig werden soll,
So wirt ich selg, tu was ich woll.

Der Herr spricht:

Esau, was heltst vom Opfer du
In deim Herzen? das sag mir zu.

Esau spricht:

695 Ich halt, Got wert das ewig Leben
Uns von des Opfers wegen geben,
Darmit wir es Got kaufen ab,
Das er uns darnach mit begab;
Wo anderst ein ewigs Lebn ist.

Der Herr spricht:

700 Nimrot, sag mir zu diser Frist,
Was heltstu von dem ewing Leben?

Nimrot spricht:

Das wil ich dir gleich sagen eben:
Was mein Augn sehen, glaubt das Herz.
Nicht höher schwing ich es aufwerts.
705 Ich nem Er, Gut, Reichtum dermaßen
Und wolt dir deinen Himel laßen.

Der Herr spricht:

O wie gar ein glaublose Not,
Die ganz und gar nichts helt von Got,
Weder vom Glauben noch Gebet,
710 Hengt nur an dem Irdischen stet,
Was wol tut irem Fleisch und Blut
Und der Satan einblasen tut!

---

689 dort, in der Ewigkeit. — 690 versicht, bestimmt; beachte die
Lehre von der absoluten Prädestination und vom Opfer. — 696 die
Meinung, daß man mit den guten Werken die Seligkeit verdienen könne.
— 699 wenn es überhaupt ein ewiges Leben giebt. — 705 dermaßen,
demgemäß, demnach, da ich nicht an das ewige Leben glaube. — 710
stet, beständig, fest. — 712 einblasen, einflüstern.

Derhalben so müßt ir auf Erden
Hart und armutselig Leut werden,
715 Als Baurn, Köbler, Scheffer und Schinder,
Badknecht, Holzhackr und Besenbinder,
Taglöner, Hirten, Büttl und Schergen,
Kerner, Wagenleut unde Fergen,
Jacobsbrüder, Schustr und Lantsknecht,
720 Auf Ert das hartseligst Geschlecht,
Und bleiben grob und ungeschickt,
Her gen zerhadert und geflickt
Hin und her wider in dem Laut
Vor Jederman zu Spot und Schant.
725 Wo ir euch nicht zu mir tut keren,
Glauben, Gebot und Bet tut leren,
Wert ir auch entlich gar verdamt.
Darumb, Abel, hab dir das Amt,
Dein Brüder baßer underricht.

Abel spricht:

730 Herr, mein Fleiß wil ich sparen nicht,
Wo sie anderst mir folgen wöllen.
Von mir sie all wol leren söllen
Dich allein fürchten, liebn und ern.

Gabriel, der Engel, spricht:

Auf daß die Sünder sich befern,
735 Komt her, ir engelischen Trön,
Mit eurem lieblichen Getön
Zu Lob götlicher Majestat
Die all Ding wol geordnet hat.

Sie gen alle ab.

714 hartselig und armutselig, vgl. zu V. 13. — 715 Kobe ler, ein Häusler, von Kobel, ein geringes Haus. — 718 Kerner, der einen Karren führt. — Ferje, Fährmann. — 719 Jacobsbrüder, ·Vagabunden, die als Wallfahrer auftreten'. Tittmann. — Die Zu= sammenstellung ist wunderlich. Der humoristische Dichter rechnet sich selbst dazu. — 722 her gen, gehen einher. — zerhadern, zersetzen. — 726 Bet, Gebete. — 731 anders, sonst. — 735 englischen Trön, Engel= chore. — 736 Als Abschluß folgte ein Chorlied der Engel.

6 *

Actus 5.

Cain get ein mit dem Satan und spricht:

Mein Bruder Abel ist wol zu Hof,
740 Er ist worden unser Bischof.
Der Herr treibt mit ihm großen Pracht,
Uns sonst all verspot und veracht.
Söll wir uns alle vor im bigen,
Und im unter den Füßen ligen,
745 Es wirt uns gar hart komen an.

Der Satan spricht:

Warumb wolt ir dasselbig tan?
Ir seit doch gleich so gut als er.
Komt ir doch all von Adam her.
Darzu bist du der Erstgeborn,
750 Dir sol die Schmach tun billich Zorn.

Cain spricht:

Ja, mir ist mein Gemüt und Herz
Mit heßigem, neidigen Schmerz
Erfüllt, das es gleich überget.

Der Satan spricht:

Wenn er dir den streslich zuret
755 Und aus dir treibet seinen Spot,
So schlag du in einmal zu Tot,
So komst du sein mit Eren ab.

Cain spricht:

Langst ich das ausgesunnen hab.
Jezt wirts gleich gut, so wir all zwen
760 Aufs Felt naus zu dem Opfer gen.
Wil in erschlagen und eingraben,
Das wir darnach Ru vor im haben.

Abel kommt und spricht:

Bruder, wöll wir ein Opfer tan?

739 zu Hof, vornehm sein. — 741 der Pracht, Lärm, Groß-
thuerei. — 746 über den Reim siehe zu V. 125. — 750 Dich mit Recht
zornig machen. — 752 heßig von haß. — 754 streslich, strafend. —
755 dein Wesen zum Gegenstand seines Spottes macht. — 757 sein
Genetiv: wirst ihn los.

Cain, sein Bruder, spricht:

Ja wol, sach du am ersten an.

Sie opfern beid.

Der Herr kommt und spricht:

765 Cain, warum ergrimst auf Ert,
Warumb verstellt sich dein Gebert?
Ists nicht also? Wenn du werst frum,
So werst du angnem, und darum:
Bist aber bös, so glaube mir,
770 Die Sünt bleibt nicht verborgn in dir.
Du solt die Sünde in dir stillen
Und ir nicht laßen iren Willen.

Der Herr get ab. Abel kniet bei seinem Opfer.

Cain spricht:

Bruder, mein Garb hab ich ausdroschen,
Darumb mein Opfer ist erloschen.
775 Dein Feists vom Schaf das flammet ser.

Abel spricht:

In allen Dingen Got die Er,
Der uns Sel, Leib, Er, Gut und Leben
Umbsonst aus Gnaden hat gegeben.

Satan zeigt, Abel zu töten. Cain schlegt in nider. Der Satan hilft
in zu decken und fleucht.

Der Herr kommt und spricht:

Cain, wo ist Abel, der Bruder dein?

Cain spricht:

780 Sol ich meins Bruders Hüter sein?
Was sicht mich wol mein Bruder an?

Der Herr spricht:

O Cain, was hastu getan!
Die Stim von deines Bruders Blut
Zu mir in Himel rufen tut.
785 Die Erden, die sei auch verflucht,

---

765 Vergl. 1. Mose 4, 6 folg. — 768 ergänze: sage ich dir. —
773 Kain opfert verächtlich leeres Stroh, wie er V. 285 angekündigt
hat. — 776 Er, Ehr. — 778 zeigt, winkt ihm zu. — 785 Erden,
nom. sing. mit unorganischem n.

Der Munt deins Bruders Blut versucht,
Das sie entpfing von deinen Henden,
Sol unfruchtbar sein an den Enden
Und ir Vermögen dir nicht geben.
790 Auch so soltu durch al dein Leben
Auf Ert flüchtig und unstet sein.

Der Satan ret Cain in ein Or und spricht:

O Cain, iezunt bistu mein,
Gilts, du wirst iezt von deim Gewißen
Geengst, gemartert und gebißen,
795 Das dir die Welt zu eng wil werden.
Du bist verfluchet samt der Erden.
Got und Menschen ist wider dich
Und all Creatur auf Ertrich,
Weil du dein Bruder hast erschlagen.
800 Darumb mußt verzweifeln und verzagen.
Es wirt kein Buß dir hilflich sein.

Cain spricht:

Vil größer ist die Sünde mein,
Denn das sie mir vergeben wert.
Und du treibest mich von der Ert
805 Und treibst mich von dem Angsicht dein.
Ich muß flüchtig auf Erden sein.
So wirts mir gen nach disen Tagen:
Wer mich sint, der wird mich erschlagen.

Der Herr spricht:

Nein, Cain, wer dich schlegt auf Erden,
810 Sol sibenfalt gerochen werden.
Da mach an dich ein Zeichen ich,
Das niemant sol erschlagen dich.

---

786 der gen. sing. deren. — versuchen, prüfen; dann: zu er-
langen suchen. — 788 an den Enden, an dieser Stelle; siehe VII. 19
und vgl. an uns und aller Enden. — 793 gilts wie unser jetziges:
gelt, nicht wahr? — 797 Nach mehreren durch und verbundenen Sub-
jecten steht zuweilen das Prädikat im Singular, auch wenn das eine
Subject ein Plural ist. — 798 Ertrich mit altem undiphthongierten i.
— 802 erst die Einflüsterungen des Satans, die uns den inneren Vor-
gang in Cain vorführen, bringen den Mörder zur Erkenntnis.

Der Satan fürt Cain ab und spricht:
Cain, tu dich an ein Baum henken
Oder in ein Waßer ertrenken,
815 Auf das du komst der Marter ab
Und ich an dir ein Helbrant hab.
Sie gen beide ab.

Adam kommt weinend mit der Eva und spricht:
Ach Herr und Got, laß dir es klagen,
Cain hat unsern Abl erschlagen,
Das fromme, gehorsame Kint,
820 Des wir leider beraubet sint
Von Cain, der mit Wort und Taten
War unghorsam und ungeraten
Und uns auch nie kein Gut wolt tan,
Kein Zucht noch Straf wolt nemen an.
825 Ach lieber Herr, tröste doch uns
Ob dem Tot unsers frommen Suns!
Herr, da ligt das unschuldig Blut.

Der Herr spricht:
Ir Engel, balt begraben tut
Den Abel und bringt her den Set,
830 Auf das er von mir wert bestet
Für Abel, den sie habn verlorn.
Set sol nun sein der Erstgeborn.
Die Engel tragen Abel aus.

Eva spricht:
O lieber Herr, wiltu das tun?
Set ist auch ein ghorsamer Sun,
835 Von dem ich wert getröst zu letzt
Und alles Herzleits wert ergetzt.
Die Engel bringen Set.

816 Hellebrant, der das Höllfeuer nährt. — 829 Set wird also
nicht erst nach Abels Tode geboren, sondern er tritt jetzt nur an seine
Stelle, ist Ersatz des Erstgebornen. — 830 bestet für bestätet von
bestäten, fest machen, bestätigen: oder wegen des Reims verändert für
bestat, von bestaten, einsetzen, vergl. Vers 46. — 836 ergetzen,
vergessen machen.

Der Herr spricht:

Den Set solt ir annemen tun
Für Abel, euren lieben Sun,
Von dem ich warhaft kommen laß
840   Des Weibes Samen fürebaß
Auf einen nach dem andern her,
Bis mit der Zeit doch kommet der
Verheißen Sam und der Heilant,
Der euch löst aus des Fluches Bant,
845   Auf das ir kommet all gleich
Zu mir in das himlische Reich
Und mit mir lebet ewiglich.

Sie gen alle ab.

Der Ernholt komt und beschleußt:

So sich die Comedi finirt,
Aus der vier schöner Ler uns wirt:
850   Erstlich bei Adam und Eva
Wirt uns gestelt für Augen da,
Wie durch den Fal ganz menschlich Gschlecht
Vor Got verflucht wart und ungerecht,
Underworfen vil Angst und Plag.
855   Wie noch auf den heutigen Tag
In Hartsel stecken wir allsant,
Ein Kreuz dem andern beut die Hant,
Und eßen das hartselig Brot,
Wie solichs hat befolhen Got.
860   Zum andern, beim frommen Abel
Da hab wir abgemalet hel
All gotsfürchtige Menschen fort,
Die gelauben dem Gottes Wort
Und dem gehorsamlich nachleben
865   Und sich Got genzlich undergeben,

---

840 fürebaß, fürderhin. — 841 natürlich nicht direkt von ihm, sondern indem die Verheißung vom einen auf den andern forterbt. — 845 all gleich, alle auf gleiche Weise: vgl. Lobt Gott, ihr Christen, alle gleich. — 849 aus der uns „eine Vier" schöner Lehren wird. — 853 ungerecht, ohne Gerechtigkeit vor Gott. — 856 Hartsel = Hartselde siehe zu V. 13. — 861 hel von hallen, deutlich).

Auf sein götlichen Willen schauen,
In allen Nöten im vertrauen
Als irem himelischen Vater,
Dem aller höhesten Guttater,
870 Und werden durch den Geist getriben,
Iren Rechsten herzlich zu lieben
Und im zu tun auch alles gut,
Geistlich und leiblich, wie in tut
Ir himelischer Vater mer.
875 Das tun sie Got zu Dank und Er.

   Zum Dritten aber bei Cain
All gotlos Leut bedeuten sin,
Die Got verachten und sein Wort,
Glaublos leben an allem Ort
880 Nach der Vernunft, Fleisch unde Blut
Und was dem selbigen wol tut. .
Dem kommens nach on alle Scham
Und stecken in der Wolluft Schlam,
In Sünden und Lastern verstocket.
885 Wie freuntlich Got sie zu im locket,
Das ist in alles nur ein Spot,
Verfolgen, wer sie weist zu Got,
Mit Mörderei, Neit, Haß und Zorn.
Der Satan ligt in in den Orn,
890 Und blest in alles Arges ein,
Auf das sie ewig bleiben sein.

   Zum Vierten: bei Got wirt uns zeigt,
Wie Got sei alle Zeit geneigt
Zu helfen menschlichem Geschlecht,
895 Zu bringen sie aus Fluch und Echt
Durch den gebenedeiten Sam,
Darmit er tröst Eva, Adam.
Das ist Christus, unser Heilant,
Welchen der Vater hat gesant,
900 Von Maria Leib ist ausgangen.
Der zertrat das Haubet der Schlangen

877 bedeuten sin, bedeuten: siehe I, 17, 5. VII 74. — 880 statt nach Gottes Gebot leben sie nach eigner Vernunft. — 882 kommen sie. — 890 siehe V. 712. — 895 Achte, Acht und Verfolgung der Sünde.

Am Kreuz durch seinen bittern Tot.
Darmit hat er versönet Got,
Menschlich Geschlecht und Adams Fal,
905 Das wir nach disem Jamertal
Haben mit im das ewig Leben,
Das Got tut aus Genaden geben,
Da ewig Freud uns auferwachs
Mit allen Engeln, wünscht Hans Sachs.

Die Personen in die Comedi:

Got der Herr.
Adam.
Eva.
Abel
Set
Jared
Enoch   sechs gehorsam Söne Eve.
Matusalach
Lamech
Satan.

Gabriel
Raphael   zwen Engel.

Cain
Datan
Achan
Nabal   sechs ungeraten Söne Eve.
Esau
Nimrot
Ernholt.

Anno salutis M. D. LIII.

VI.

Sanct Peter mit den Lantsknechten.

1557.

————

Neun armer Lantsknecht zogen aus
Und garteten von Haus zu Haus,
Dieweil kein Krieg im Lande was.
Eins Morgens da trug sie ir Straß
5 Hinauf bis für das Himeltor.
Da klopften sie auch an darvor,
Wolten auch in dem Himel garten.
Sanct Peter tet der Pforten warten.
Als er die Lantsknecht darvor sach,
10 Wie balt er zu dem Herren sprach:
Herr, daußen stet ein arme Rot,
Laß sie herein, es tut in Not,
Sie wolten geren hinnen garten.
Der Herr sprach: Laß sie lenger warten.
15 Als nun die Lantsknecht musten harren,
Fiengens an zu fluchen und scharren:
Marter, Leiden und Sacrament!
Sanct Peter diser Flüch nit kennt,
Meint, sie redten von geistling Dingen,
20 Gedacht, in Himel sie zu bringen
Und sprach: O lieber Herre mein,

————

VI Gespräch hat Sachs diese und ähnliche Erzählungen genannt,
weil der Dialog in ihnen vorherrscht. Obgleich der Redende im Gedicht
jedesmal besonders eingeführt wird, findet sich stets in besondrer Über=
schrift der Name desselben, vor Vers 8, 14, 15, 18, 24 2c. auch vor
74. Dies ist hier als überflüssig weggelassen und durch Absätze be=
zeichnet. — 2 garten, betteln, kommt erst im 16. Jahrh. vor; Ab=
leitung dunkel. — 4 ihr Weg führte sie. — 8 Petrus oder Himmels=
pförtner ist eine im Volke ganz bekannte Vorstellung, beruhend auf
Matth. 16, und den aus dieser Stelle vom Pabstum erhobenen An=
sprüchen. — 11 daußen — da außen. — 13 hinnen = hie innen.
— 16 scharren, schnarchen, derb herausfahren mit Worten; vgl. Scharr=
hans. — 17 Siehe zu X 253. — 19 geistling, geistlichen.

Ich bitte dich, laß sie herein.
Nie frömmer Leut hab ich gesehen.
Da tet der Herr hinwider jehen:
25 O Petre, du kennst ir nit recht,
Ich sich wol, das es sint Lantsknecht.
Solten wol mit mutwilling Sachen
Den Himel uns zu enge machen.
Sanct Peter der bat aber mer:
30 Herr, laß sie herein durch dein Er.
Der Herr sprach: Du magits laßen rein,
Du must mit in behangen sein.
Schau, wie dus wider bringst hinaus.
Sanct Peter war fro überaus,
35 Und ließ die frommen Lantsknecht ein.
Balt sie in Himel kamen nein,
Gartens herum bei aller Welt.
Und balt sie zsam brachten das Gelt,
Knockten sie nider auf ein Plan
40 Und fiengen zu umbschanzen an.
Und e ein vierteil Stunt vergieng,
Ein Hader sich bei in anfieng
Von wegen einer Umbeschanz.
So wurden sie entrüstet ganz,
45 Zuckten von Leder sie all samen
Und hauten da mit Kresten zsamen,
Jagten einander hin und wider
In dem Himel da auf und nider.
Sanct Peter disen Strauß vernum,
50 Kam, zant die Lantsknecht an darum.
Sprach: Wolt ir in dem Himel balgen?
Hebt euch hinaus an liechten Galgen!

24 jehen, altes Wort für sagen. — 32 behangen sein, mit
Leuten zu schaffen haben, die beschwerlich werden. Frisch, Wörterbuch
I 414. Wir sagen: auf dem Halse haben. — 33 dus, du sie. —
35 fromm, tüchtig, häufiges Beiwort der Landsknechte; hier mit beab-
sichtigtem Doppelsinn. — 36 Nebensatz: sobald als sie; ebenso Vers 38.
— 37 Hauptsatz: bettelten sie. — 39 knocken, hocken. — 40 umb-
schanzen, würfeln, vgl. zu V 611. — 43 Umbeschanz, Wurf. —
50 zannen, knurren. — 52 licht heißt der Galgen, weil nach dem
Rechtsgebrauch die Verbrecher am lichten Morgen gehängt wurden: vgl.
Schiller, Räuber I 2: er wolle mich an den lichten Galgen henken lassen.

Die Lantsknecht in tückisch ansahen
Und teten auf Sanct Peter schlahen,
55 Das in Sanct Peter must entlaufen,
Zum Herrn kam mit Echzn und Schnaufn
Und klagt im über die Lantsknecht.
Der Herr sprach: Dir gschicht nit Unrecht.
Hab ich dir nit gesaget heut:
60 Laß sie drauß, es sint freche Leut?
Sanct Peter sprach: O Herr, der Ding
Verstunt ich nit. Hilf das ichs bring
Hinaus, sol mir ein Witzung sein,
Das ich kein Lantsknecht laß herein,
65 Weil sie sint so mutwillig Leut.
Der Herr sprach: Eim Engel gebeut,
Das er ein Trumel nem zu Hant
Und für des Himels Pforten stant
Und einen Lerman darvor schlag.
70 Sanct Peter tet nach seiner Sag.
Balt der Engel den Lerman schlug,
Loffen die Lantsknecht on Verzug
Eilent aus durch das Himeltor,
Meinten, ein Lerman wer darvor.
75 Sanct Peter bschloß die Himelporten,
Versperrt die Lantsknecht an den Orten.
Der keiner seit hinein ist kummen,
Weil Sanct Peter tut mit in brummen.
Doch nemt auf schwankweis dis Gedicht,
80 Wie Hans Sachs on als Arges spricht.

---

63 vgl. „obs ihm möcht eine Witzung werden." (Goethe, H. Sach=
sens poetische Sendung. — 68 stant ist alter Conjunctiv praesentis
von stande für das gebräuchlichere sta. — 69 Lerman, Lärm, Ge=
schrei, aus alarme und dem jetzigen Gebrauch dieses Wortes entspre-
chend. — 70 Sag, Befehl. — 71 siehe zu Vers 36. — loffen siehe
zu V 149. — 74 ein Kriegslärm, durch welchen sie neu angeworben
würden. — 76 versperren, aussperren. — 77 Andrerseits läßt auch
der Teufel keinen Landsknecht mehr in die Hölle fahren, wie Sachs
ebenfalls in einem Schwank erzählt. — 79 Vgl. Goethe, H. Sachs:
Sollst schwankweis deine Sach fürtragen.
Über Wesen und Leben der Landsknechte vgl. die Volkslieder Nr. 2
bis 6 in Denkmäler III, 4 S. 94 fg. G. Freytag's „Bilder aus der deut-
schen Vergangenheit" Bd. II Abschn. 12 und desf. Verfassers „Ahnen" Bd. IV.

VII.

Sanct Peter mit der Geiß.

1557.

   Weil noch auf Erden gieng Christus,
   Und auch mit im wandert Petrus,
   Eins Tags aus ein Dorf mit im gieng,
   Bei einr Wegscheit Petrus anfieng:
5 O Herre Got und Meister mein,
   Mich wundert fer der Güte dein,
   Weil du doch Got allmechtig bist,
   Leßt es doch gen zu aller Frist
   In aller Welt gleich wie es get,
10 Wie Habakuk sagt, der Prophet:
   Frevel und Gewalt get für Recht,
   Der Gotlos übervorteilt schlecht
   Mit Schalkheit den Grechten und Frommen,
   Auch könn kein Recht zu Ent mer kommen.
15 Die lest gen durch einander fer,
   Eben gleich wie die Bisch im Mer,
   Da immer einr den andern verschlindt,
   Der Bös den Guten überwindt.
   Des stet es übel an alln Enden,
20 In obern und in nidern Stenden.
   Des sichst du zu und schweigest stil,
   Sam kümmer dich die Sach nit vil
   Und ge dich eben glat nichts an.
   Köntst doch als Übel understan,
25 Nemst recht int Hant die Herschaft dein.
   O solt ich ein Jar Herrgot sein
   Und solt den Gwalt haben wie du,

VII vom Dichter Schwank genannt; siehe VI 79. vgl. den Anfang
von Goethes Legende vom Hufeisen. — 1 weil, als. — 3 ergänze und.
— 4 Hauptsatz. — 10 Habakut 1, 3 flg. — 15 lest, läßt du gehen. —
22 sam, als ob. — 24 understan, verhindern. — 25 int, in die.

Ich wolt anderst schauen darzu,
Fürn vil ein beßer Regiment
30 Auf Erderich durch alle Stent.
Ich wolt steuern mit meiner Hant
Wucher, Betrug, Krieg, Raub und Brant.
Ich wolt anrichtn ein rüwig Leben.
 Der Herr sprach: Petre, sag mir eben:
35 Meinst, du woltst ie beßer regieren,
All Ding auf Ert baß ordinieren,
Die Frommen schützn, die Bösen plagen?
Sanct Peter tet hinwider sagen:
Ja, es müst in der Welt baß sten,
40 Nit also durch einander gen;
Ich wolt vil beßer Ordnung halten.
 Der Herr sprach: nun so mußt verwalten,
Petre, die hohen Herschaft mein,
Heut den Tag solt du Herrgot sein.
45 Schaff und gebeut als, was du wilt,
Sei hart, streng, gütig oder milt,
Gib aus den Fluch oder den Segen,
Gib schön Wetter, Wint oder Regen,
Du magst strafen oder belonen,
50 Plagen, schützen oder verschonen,
In Summa, mein ganz Regiment
Sei heut den Tag in deiner Hent.
Damit reichet der Herr sein Stab,
Petro den in sein Hende gab.
55 Petrus war des gar wolgemut,
Daucht sich der Herlichkeit sehr gut.
 In dem kam her ein armes Weib,
Ganz dürr, mager und bleich von Leib,
Barfuß in ein zerrißen Kleit.
60 Die trib ir Geiß hin auf die Weit.
Da sie mit auf die Wegscheit kam,
Sprach sie: Ge hin in Gottes Nam.
Got bhüt und bschütz dich immerdar,

Das dir kein Übel widerfar
65 Von Wolfen oder Ungewitter.
Wann ich kan warlich ie nit mitter,
Jch muß arbeiten das Taglon,
Heint ich sonst nichts zu eßen hon
Daheim mit meinen kleinen Kinden,
70 Nun ge hin, wo du Weib tust finden,
Got der bhüt dich mit seiner Hent.
Mit dem die Frau wider umbwent
Jns Dorf. So gieng ir Geiß die Straß.
Der Herr zu Petro sagen was:
75 Petre, hast das Gebet der Armen
Gehört? Du mußt dich ir erbarmen,
Weil ja den Tag bist Herrgot du,
So stehet dir auch billich zu,
Das du die Geiß nemst in dein Hut,
80 Wie sie von Herzen bitten tut,
Und behüt sie den ganzen Tag,
Das sie sich nicht verirr im Hag,
Nit fall, noch mög gestolen wern,
Noch sie zerreißen Wolf noch Bern,
85 Das auf den Abent widerum
Die Geiß unbeschedigt heimkum
Der armen Frauen in ir Haus.
Ge hin und richt die Sach wol aus.
Petrus nam nach des Herren Wort
90 Die Geiß in sein Hut an dem Ort
Und trib sie an die Weib hin dan;
Sich fieng Sanct Peters Unruh an.
Die Geiß war mutig, jung und frech
Und blibe gar nit in der Nech,
95 Loff auf der Weide hin und wider,
Stig ein Berg auf, den andern nider
Und schloff hin und her durch die Stauden.

---

66 mitter für mit dir, wie an andrer Stelle zudr für zu dir:
ich kann nicht immer (ie) bei dir sein. — 67 arbeiten, verdienen. —
68 heint siehe zu V 131. — 74 sagen was, siehe zu V 877. — 82 Hag,
Dorngebüsch. — 93 frech), keck. — 94 Nech), Nähe. — 95 loff siehe
zu V 149. — 97 schloff, praet. von sliefen, schlüpfen.

Petrus mit Echzen, Blasn und Schnauden
Must immer nachtrollen der Geiß.
100 Und schin die Sonn gar überheiß,
Der Schweiß über sein Leib abran.
Mit Unru verzert der alt Man
Den Tag bis auf den Abent spat,
Machtlos, hellig, ganz müd und mat
105 Die Geiß widerumb heimhin bracht.
  Der Herr sach Petrum an und lacht.
Sprach: Petre, wilt mein Regiment
Noch lenger bhaltn in deiner Hent?
Petrus sprach: Lieber Herre, nein,
110 Nim wider hin den Stabe dein
Und dein Gwalt, ich beger mit nichten,
Forthin dein Ampt mer auszurichten.
Ich merk, das mein Weisheit kaum töcht,
Das ich ein Geiß regieren möcht
115 Mit großer Angst, Mü und Arbeit.
O Herr, vergib mir mein Torheit.
Ich wil fort der Regierung dein,
Weil ich leb, nicht mer reden ein.
Der Herr sprach: Petre, dasselb tu,
120 So lebst du fort mit stiller Ru.
Und vertrau mir in meine Hent
Das allmechtige Regiment.

  Der Beschluß.

Dise Fabel ist von den Alten
Uns zu Vermanung fürgehalten,
125 Das der Mensch hie in diser Zeit
Gottes unerforschlich Weisheit
Und sein allmechtigen Gewalt,
Wie er Himel und Ert erhalt
Und die verborgenlich regier,
130 Nach seinem Willen ordinier

---

98 Schnauden, mhd. snuden, schnaufen. — 103 Zeit, Tag
verzern, hinbringen. — 104 hellig, ermüdet, erschöpft. — 113 töcht,
praet. conj. von tügen, taugen; vgl. Tugend. — 118 weil, so lange.
— 120 fort, von nun an. — 127 Gewalt ist auch im Mittelalter
masc. und fem.

Alle Geschöpf und Creatur
Als der allmechtig Schöpfer pur:
Das er dem sag Lob, Preis und Er
Und forsch darnach nit weiter mer
135 Aus Fürwitz, mutwillig und frech,
Warumb dis oder jens geschech,
Warumb Got solch Übel verheng,
Sein Straf verziech sich in die Leng,
Und die Bosheit so ob laß schweben.
140 All solch Gedanken kommen eben
Geflozen her aus Fleisch und Blut,
Das aus Torheit urteilen tut
Und leßt sich dunken in den Sachen,
Es wöll ein Ding vil beßer machen
145 Denn Got selber in seinem Tron.
Und wenns im etwan not solt ton,
Solt er mit Mü, Not und Angstschweiß
Auch hie regieren kaum ein Geiß.
O Mensch, erkenn dein Unvermügen,
150 Das dein Weißheit und Kreft nit tügen
Nach zu forschen götlichem Willen.
Laß den Glauben dein Herze stillen,
Das Got on Uriach nichtsen tu,
Sonder aufs Best, und sei zu Ru.
155 Dergleich urteil in diser Zeit
Auch nit die weltlich Oberkeit,
Sam solts das tun und jenes laßen,
Dieweil sie ist von Got der maßen
Zu regieren hie auserwelt
160 Und seim Volk zu gut fürgestellt,
Das sie Gottes Befelch ausricht.
Und ob sie gleich das selb tut nicht,
Sonder eben das Widerspil,
So ist es doch auch Gottes Wil,
165 Zu Straf der großen Sünde dein.

---

132 pur, rein, wohl nur um des Reims willen gebraucht. —
150 tügen, taugen vergl. zu 113. — 154 ergänze: alles thue; sei
zu Ruh, gieb dich zufrieden. — 155 urteilen ist hier soviel wie
beurteilen, kritisieren, die weltlich Oberkeit ist Object. Siehe V. 167,
wo es gradezu verurteilen bedeutet. — 157 als sollte sie.

Sie wirt tragen das Urteil sein.
Derhalb mans auch nit urteiln sol.
Bitten und beten mag man wol,
Das uns Got wöll die Sünt verzeihen
170 Und sein Gunst und Genad verleihen
Der Oberkeit im Regiment,
Weil ir Herz stet in seiner Hent,
Auf das Ru und Frid auferwachs
In christlicher Gmein, wünscht Hans Sachs.

166 Sie wird seinem Urteil anheimfallen. — 167 mans, man sie.
urteiln siehe zu V. 155.

VIII.

Das menschlich Herz
ist einer Malmül gleich.
1548.

Einsmals in meiner tummen Jugent,
Eh ich erkennt die edlen Tugent
Und mit ander Kurzweil umbgieng,
Erforscht doch geren seltsam Ding,
5 Wo mir nur kunt gedeihen das.
Eins Tags ich auf einr Hochzeit was.
Und als man trank, war wolgemut,
Ein Gast dem andern het vergut,
Ich fragt ein Doctor künstenreich,
10 Wem des Menschen Herz wer gleich.
Er antwort mir fein senft und kül:
Das Herz ist ganz gleich einer Mül,
Das an al Ru stets malen tut,
Was man aufschütt, bös oder gut.
15 Dem selbigen es Tag und Nacht
Gar embsiglich nach dicht und tracht,
Melt und beutelt es hin und her,
So spitzfündig und wunderper,
Und tut sich mit stetem Nachdenken
20 Selb trösten und auch oft bekrenken,
Sich etwan hoch in Freuden übet,
Etwan sich engstlich hart betrübet.
Jetzt ist er ring, dan balt schwermütig,

---

1 tumb noch im alten Sinne: unerfahren. — 4 Hauptsatz, er‐
gänze: ich. — 8 vergut wie unser: ›verlieb nehmen‹, aus für gut
haben, freundlich sein mit jem. — 13 ohne alle Ruhe — 17 mehlen
und beuteln sind Ausdrücke des Müllerei‑Gewerbes. Mahlen und
durch den Beutel sieben wechseln sich ab bei der Bereitung des Mehles. —
18 wunderbar. — 20 bekrenken, beunruhigen. — 21 etwan, bald
einmal. — 23 er, der Mensch. — ring, leicht, nicht beschwert, sorg‐
los; vgl. gering.

　　Balt ist er zornig, darnach gütig,
25　Jetzt ist er kün, balt wirt er zag.
　　Die Endrung gschicht al Stunt und Tag,
　　Darnach man ihm aufschütt zu malen
　　Gut Keren oder unnütz Schalen.
　　Drumb welcher Mensch in diser Zeit
30　Nach dem Affect der Sinnligkeit
　　Auf Ert lebt, ist gleich einem Tier.
　　Der schütt auf nach seiner Begier. .
　　Dem melt sein Herz als ein Ziehpflaster
　　In Torheit eitel schnöde Laster,
35　Geiz, Fraß, Unkeusch, Neid, Zorn und Rach,
　　Ein Laster folgt dem andern nach).
　　Denn wie das Herz gemalet hat,
　　Folgen die Wort auch mit der Tat.
　　Welch Mensch aber leßt sein Vernunft
40　Regieren jetzt und in Zukunft,
　　Der tut solch Gedanken ausschlagen,
　　Vom Herzen abreißen und jagen.
　　Sonder sein Herz get damit umb,
　　Das er bleib aufrichtig und frumb.
45　Aus dem folget in allem Handel,
　　Das er erlich und bider wandel.
　　Darumb, sprach er, so rat ich dir,
　　Du wöllest zemen dein Begier,
　　Das sie dir nicht schütt auf dein Herz
50　Zu malen Jamer, Angst und Schmerz,
　　Das du mit viehischer Torheit
　　Verlierest deiner Jugent Zeit.
　　Sonder laß ob dem Herzen dein
　　Die Vernunft selber Mülner sein,
55　Das sie die Tugent dir aufschütt,
　　Auf das dein Herze und Gemüt
　　Mit den Gedanken sein umgeben,
　　Erlich und aufrichtig zu leben.
　　Darumb went al dein Lieb und Gunst

---

28 Keren, Kerne. — 33 Ziehpflaster siehe S. 9 zu V. 136.
44 frum, tüchtig, brav. — 51 mit der Thorheit eines Tiers, siehe
V. 31. — 54 Mülner, alte Nebenform von Müller. — 57 sein, seien.

60 Zu erlicher Kurzweil und Kunst,
Zu Weisheit, Sitten und Tugent.
Darin üb dein blünde Jugent,
Weil das Herz ie nit feiren kan,
Das du werst ein erlicher Man.
65 Darnach in deinen alten Tagen
Der treuen Ler mir tust danksagen,
So Er und Nutz dir daraus wachs.
Den treuen Rat gibt dir Hans Sachs.

60 erlich, was Ehre hat und bringt; siehe V. 64 und 67. —
62 blünde, blühende. — 63 Vergl. das Sinngedicht von Friedrich
v. Logau (herausg. von G. Eitner, Leipzig bei Brockhaus S. 301). Ein
unruhig Gemüte: Ein Mühlstein und ein Menschenherz wird stets herum=
getrieben, Wo beides nichts zu reiben hat, wird beides selbst zerrieben.

IX.

Das Schlauraffenland.

Ein Gegent heist Schlauraffenland,
Den faulen Leuten wol bekant.
Das ligt drei Meil hinder Weinachten,
Und welcher darein wölle trachten,
5 Der muß sich großer Ding vermessen
Und durch ein Berg mit Hirsbrei essen,
Der ist wol dreier Meilen dick.
Alsdann ist er im Augenblick
In den selbing Schlauraffenland,
10 Da aller Reichtum ist bekant.
Da sint die Heuser deckt mit Fladen,
Leckuchen die Haustür und Laden,
Von Speckuchen Dillen und Wend,
Die Tröm von schweinen Braten send.
15 Umb jedes Haus so ist ein Zaun
Geflochten von Bratwürsten braun.
Von Malvasier so sind die Brunnen,
Kommen eim selbs ins Maul gerunnen.
Auf den Tannen wachsen Krapfen,
20 Wie hie zu Lant die Tanzapfen.
Auf Fichten wachsen bachen Schnitten.
Eierpletz tut man von Pirken schitten.
Wie Pfifferling wachsen die Flecken,

1 Slur=, Sluderasse heißt ein herumschlendernder Müßiggänger. —
4 trachten hinein zu kommen. — 9 selbing, selbigen. — 12 Leckuchen
vielleicht Wortspiel mit Lebkuchen, der in Nürnberg noch heute be-
rühmte dünne Honigkuchen. — 13 Dil oder Dille, Brett, Diele. —
14 Tröm, d. i. Träm oder Träm, der Balken. — schweinen ist
Adjectiv. — send, sind. — 17 Malvasier süßer Wein von der Stadt
Napoli di Malvasia auf der Halbinsel Morea. — 19 Krapfen, Pfann-
kuchen. — 21 bachen, gebackene. — 22 Eierplätzchen von Birken schüt-
teln. — 23 der Fleck, das Stück (vgl. flicken), dann eine Fleischspeise.
— Pfifferling ein massenhaft wachsender, eßbarer Pilz.

    Die Weintrauben in Dorenhecken.
25 Auf Weidenkoppen Semel stehn,
    Darunter Pech mit Millich gehn;
    Die fallen dann in Bach herab,
    Das Jedermann zu essen hab.
    Auch gehn die Fisch in den Lachen
30 Gsotten, praten, gsulzt und pachen
    Und gehn bei dem Gestatt gar nahen,
    Lassen sich mit den Hendn fahen.
    Auch fliegen umb, müget ir glauben,
    Gebraten Hüner, Gens und Tauben.
35 Wer sie nicht facht und ist so faul,
    Dem fliegen sie selbs in das Maul.
    Die sen all Jar gar wol geraten,
    Laufen im Land umb, sind gebraten.
    Jede ein Messer hat im Rück,
40 Darmit ein Jeder schneidt ein Stück
    Und steckt das Messer wider drein.
    Die Kreuzkes wachsen wie die Stein.
    So wachsen Bauern auf den Baumen,
    Gleich wie in unserm Land die Pflaumen.
45 Wens zeitig sind, so fallens ab,
    Jeder in ein par Stifel rab . . . .
    Auch ist in dem Land ein Junckbrunn,
    Darin verjungen sich die Alten.
    Viel Kürzweil man im Land ist halten.
50 So zu dem Ziel schießen die Gest,
    Der weitst vom Blat gwint das best,
    Im Laufen gwint der Letzt allein.
    Das Polster-Schlafen ist gemein.
    Jr Waidwerck ist mit Flöh und Leusen,

---

25 Koppe, Kuppe, Gipfel. — 26 Pech, Bäche. — 29 Lache, See. — 30 gsulzt, gesalzen, vgl. Sülze. pachen, gebacken. — 31 Gestatt, Ufer. — 35 facht, fängt. — 42 Kreuzkes, eine besondere Art Käse. — 43 es ist nicht recht verständlich, was die Bauern hier sollen; vielleicht sind sie nur wegen des Scherzes V. 46 gewählt, als besonders bequeme Leute. — 49 halten s. V. 877. — 51 Blat muß das Ziel bedeuten. — 54 andre Derbheiten sind hier weggelassen. Die Stelle ist ziemlich unverständlich. Es werden doch sonst nur gute oder bequeme Dinge aufgezählt.

55 Mit Wanzen, Ratzen und mit Meusen.
Auch ist im Land gut Gelt gewinnen.
Wer sehr faul ist und schlest darinnen,
Dem gibt man von der Stund zwen Pfennig,
Er schlaf ir gleich viel oder wenig.
60 Und welcher da sein Gelt verspilt,
Zwifach man im das wider gilt.
Und welcher auch nicht geren zalt:
Wenn die Schult wird eins Jares alt,
So muß im jener darzu geben.
65 Und welcher gern wol ist lebn,
Dem gibt man von dem Trunk ein Patzen.
Und welcher wol die Leut kan satzen,
Dem gibt man ein Plappert zu Lon.
Für ein groß Lüg gibt man ein Kron.
70 Doch muß sich da hüten ein Man,
Aller Vernunft ganz müßig stan.
Wer Sinn und Witz gebrauchen wolt,
Dem wurd kein Mensch im Lande hold,
Und wer gern arbeit mit der Hand,
75 Dem verbeut mans Schlauraffenland.
Wer Zucht und Erbarkeit het lieb,
Den selben man des Lands vertrieb.
Wer unnütz ist, wil nichts nit lehren,
Der kommt im Land zu großen Ehren,
80 Wann wer der Faulest wird erkant,
Derselb ist König in dem Land.
Wer wüst, wild und unsinnig ist,
Grob, unverstanden alle Frist,
Aus dem macht man im Land ein Fürsten.
85 Wer gern sicht mit Leberwürsten,
Aus dem ein Ritter wird gemacht.
Wer schlüchtisch ist und nichtsen acht
Dann essen, trinken und viel schlafen,
Aus dem macht man im Land ein Grafen.

---

61 gilt, bezahlt. — 65 ist leben siehe V. 49. — 66 der Batzen
galt 4 oder 5 Kreuzer. — 67 satzen, foppen. — 68 Plappert, d. i.
Plaphart, ein Groschen. — 69 Kron, Kronthaler. — 74 arbeit(et).
— 78 lehren, lernen. — 83 unverstanden, unverständig. —
87 schlüchtisch, träge, faul. — nichtsen, nichts.

90 Wer dölpisch ist und nichtsen kann,
   Der ist im Land ein Edelman.
      Wer also lebt wie obgenant,
   Der ist gut ins Schlauraffenland,
   Das von den Alten ist erdicht,
95 Zu Straf der Jugend zugericht,
   Die gwönlich faul ist und gefressig,
   Ungeschickt, heilos und nachlessig,
   Das mans weis ins Land zu Schlauraffen,
   Damit ir schlüchtisch Weis zu strafen,
100 Das sie haben auf Arbait acht,
   Weil faule Weis nie Gutes bracht.

                    Hans Sachs, Schuhmacher.
                    Anno salutis 1530.

94 Der bidere Dichter zerstört am Schluß die belustigende Illusion, um nur die Lehre ja recht deutlich zu machen. — 98 mans weis, daß man sie weise. — 99 ir schlüchtisch Weise, ihre Faulheit.

Vergl. die Venezianische Erzählung in Goethes erster Epistel.

Faßnachtspiel mit 3 Personen:
Der farend Schuler im Paradeis.

Die Peurin gehet ein und spricht:
Ach wie manchen Seuftzer ich senk,
Wenn ich vergangner Zeit gedenk,
Da noch lebet mein erster Man,
Den ich ie lenger lieb gewan,
5 Dergleich er mich auch wiederumb,
Wann er war einfeltig und frumb.
Mit im ist all mein Freud gestorben,
Wie wol mich hat ein andr erworben.
Der ist meim ersten gar ungleich,
10 Er ist karg und wil werden reich,
Er kratzt und spart zusam das Gut,
Hab bei im weder Freud noch Mut.
Got gnad noch meinem Man, dem alten,
Der mich viel freundlicher tet halten;
15 Künt ich im etwas Guts noch tan,
Ich wolt mich halt nit saumen dran.

Der farend Schuler gehet ein und spricht:
Ach liebe Mutter, ich kumb herein,
Bit, laß mich dir befolhen sein
Mit deiner milten Hand und Gab;
20 Wann ich gar viel der Künste hab,
Die ich in Büchern hab gelesen.
Ich bin in Venus Berg gewesen,
Da hab ich giehen manchen Buler;

X Vgl. 'Die klugen Leute' bei Grimm 'Kinder= u. Hausmärchen.'
— 1 Seufzer senken, ausstoßen. — 20 wann, denn. Er erbietet sich,
ihr etwas zu leisten. — 22 über die Sage vom Venusberg siehe Denk=
mäler III, 4 S. 137 das Volkslied vom Tanhäuser.

Wiß, ich bin ein farender Schuler
25 und fahr im Lande her und hin.
Von Pariß ich erst kummen bin
Itzundt etwa vor dreien Tagen.

Die Peurin spricht:
Secht, lieber Herr, was hör ich sagen,
Kumbt ir her auß dem Paradeis?
30 Ein Ding ich fragen muß mit Fleiß,
Habt ir mein Man nicht drin gesehen?
Der ist gestorben in der Rehen,
Doch fast vor einem gantzen Jar,
Der so frumb und einfeltig war;
35 Ich hoff ie, er sei drein gefaren.

Der farend Schuler spricht:
Der Seel so vil darinnen waren;
Mein Frau, sagt, was hat euer Man
Für Kleider mit im gfürt darvon?
Ob ich in darbei möcht erkennen.

Die Peurin spricht:
40 Die kan ich euch gar bald genennen:
Er het ach auf ein plaben Hut
Und ein Leilach, zwar nit fast gut,
Darmit hat man zum Grab bestet.
Kein ander Kleidung er sunst het,
45 Wenn ich die Warheit sagen sol.

Der farend Schuler spricht:
O liebe Frau, ich kenn in wol,
Er geht dort umb ohn Hosn und Schuch,
Und hat an weder Hem noch Bruch,
Sonder wie man in legt ins Grab;
50 Er hat auf seinen Hut blitschplob
Und tut das Leilach umb sich hüllen.

32 in der Rehen, temporal gebraucht. — 35 ich hoffe immer. —
41 bla, blawes, dafür plabes, blau; siehe B. 50. 135. — 42 Lei=
lach für Leinlachen, leinenes Laken. — zwar, fürwahr. — fast, sehr.
— 43 hat man in bestattet. — 48 Hem verstümmelt aus Hemde. —
Bruch, der obere Teil der Hose. — 50 blietschplob sprach Hans Sachs
für blitzblau. Man schrieb dem Blitz eine blaue Farbe zu.

Wenn ander brassen und sich füllen,
So hat er gar kein Pfenning nicht.
Als denn er so sehnlich zusicht
55 Und muß nur des Almusen leben,
Was im die andern Seelen geben;
So ellend tut er dort umbgan.

Die Peurin spricht:
Ach, bist so ellend dort mein Man,
Hast nit ein Pfenning in ein Bad?
60 Nun ists mir leid, auch immer schad,
Das du solt solche Armut leiden.
Ach, lieber Herr, tut mich bescheiden,
Wert ir wider ins Paradeis?

Der farend Schuler spricht:
Morgen mach ich mich auf die Reis,
65 Und kum hinein in viertzen Tagen.

Die Peurin spricht:
Ach, wolt ir etwas mit euch tragen,
Ins Paradeis bringen mein Man?

Der farend Schuler spricht:
Ja, Frau, ich wil es geren tan,
Doch was ir ton welt, tut mit Eil.

Die Peurin spricht:
70 Mein Herr, verziecht ein kleine Weil,
Zu sammen wil das suchen ich.
Sie geht auß.

Der farend Schuler redt mit im selb und spricht:
Das ist ein recht einseltig Viech
Und ist gleich eben recht für mich.
Wenn sie viel Gelts und Kleider brecht,
75 Das wer für mich als gut und recht,
Wolt mich bald mit trollen hinaus,

---

52 brassen, prassen. — 59 in, um in ein Bad zu gehen. Das
Bad gehört zu den wichtigsten Lebensbedürfnissen jener Zeit. — 63 wer-
den wie bei uns in der Volkssprache gebraucht für gehen, reisen. —
75 als, alles. — 76 sich trollen, sich entfernen.

Eh wann der Pauer kem ins Haus.
Er wirt mir sunst mein Sach verderben;
Ich hoff, ich wöl den Alten erben.

Die Peurin bringet im ein Bürlein und spricht:

80 Mein Herr, nun seit ein guter Pot,
     Nemet hin die zwölf Gülden rot,
     Die ich lang hab gegraben ein
     Da außen in dem Küstal mein,
     Und nemet auch das Bürlein an
85 Und bringt das alles meinem Man
     In jene Welt ins Paradeis,
     Darin er finden wirt mit Fleiß
     Zu einem Rock ein plobes Tuch,
     Hosen, Joppen, Hemb unde Bruch,
90 Sein Taschen, Stisl, ein langes Messer.
     Sagt im, zum Nechsten wers noch besser,
     Ich wil in noch mit Gelt nit lassen.
     Mein Herr, fürdert euch auf der Straßen,
     Das er bald aus der Armut kumb,
95 Er ist ie einfeltig und frumb,
     Ist noch der Liebst unter den zweien.

Der farend Schuler nimmet das Bürlein und spricht:

     O wie wol wirt ich in erfreuen,
     Das er mit andern am Feirtag
     Etwan ein Urten trincken mag,
100 Auch spiln und ander Kürtzweil treiben.

Die Peurin spricht:

     Mein Herr, wie lang wert ir aus bleiben,
     Das ir mir bringt ein Botschaft wider?

Der farend Schuler spricht:

     O ich kumb so bald nicht herwider,
     Wan der Weg ist gar hart und weit.

---

79 erben, beerben — Bürlein, kleine Bürde, Bündel. —
80 Pot, Bote. — 88 plobes = plabes siehe zu V. 41. — 92 noch,
auch ferner nicht ohne Geld lassen. — 93 fürdert euch, eilt. — 95 ie,
eig. immer. — 97 wird ich), werde. — 99 Urte, die Zeche.

Die Peurin spricht:

105 Ja so möcht im in mitler Zeit
Etwan widerumb Gelts gebrechen
Zu baden, spielen und Wein zechen,
Bringt im auch die alt behmisch Groschen.
Wenn wir nun haben ausgetroschen,
110 Kan ich bald wider Gelt abstelen
Und das vor meinem Man verhelen,
Das ichs in dem Küstal ein grab,
Wie ich auch dis behalten hab.
Seht, habt euch den Taler zu Lahn
115 Und grüßt mir fleissig meinen Man.

Der farend Schuler gehet ab.

Die Peurin hebet an zu singen laut:
„Paurenmeidlein, laß dirs wolgefallen."

Der Paur kummet und spricht:
Alta, wie, das so frölich bist!
Sag mir bald, was die Ursach ist?

Die Peurin spricht:
Ach, lieber Man, freu dich mit mir,
120 Groß Freud hab ich zu sagen dir.

Der Paur spricht:
Wer hat das Kalb ins Aug geschlagen?

Die Peurin spricht:
Ach sol ich nit von Wunder sagen?
Ein farend Schuler mir zu Frummen
Ist aus dem Paradeis herkummen,
125 Der hat mein alten Man drin gsehen,
Und tut auf seinen Eid versehen,
Wie er leid so große Armut,
Hab nichts den seinen ploben Hut
Und das Leilach in jener Welt,
130 Weder Rock, Hosen oder Gelt.

---

114 Lahn, Lohn. — 121 Sprüchwörtliche Redensart: einem hef-
tigen Schmerz verursachen. Hier ironisch gemeint. — 126 versehen,
aussagen. — 128 den(n), als.

Das glaub ich wol, das er nichts hab,
Denn wie man in legt in das Grab.

Der Paur spricht:
Wolst nicht etwas schicken beim Man?

Die Peurin spricht:
O lieber Man, ich habs schon tan,
135 Im geschickt unser blabes Tuch,
Hosen, Joppen, Hemb, Stifl und Bruch,
Auch für ein Gülden kleines Gelt,
Das er ims brecht in jene Welt.

Der Pauer spricht:
Ei, du hast der Sach recht getan.
140 Wo ist hinaus zogen der Man,
Den du die Ding hast tragen lassen?

Die Peurin spricht:
Er zog hinaus die untern Straßen,
Es tregt der Schuler hoch erfarn
An seinem Hals ein gelbes Garn
145 Und das Bürlein auf seinem Rück.

Der Paur spricht:
Ei nun walt dein als Ungelück,
Du hast im zu weng Geltes geben,
Er kan nit lang wol darvon leben.
Geh, heiß mirs Roß satteln bei Zeiten,
150 Ich wil im gehn eilend nach reiten,
Im noch ein zehen Gülden bringen.

Die Peurin spricht:
Mein Man, hab Dank mit diesen Dingen,
Daß du meim Altn bist günstig noch!
Wils Got, ich wils verdienen doch,
155 Dir auch nachschicken meinen Schetz.

144 Garn, Faden, Tuch. — 146 alles Unglück soll über dich
kommen. — 154 verdienen, durch Dienst vergelten. — 155 Wenn er
gestorben ist, will sie ihm auch Geld nachschicken.

Der Paur spricht:

Was darf es viel onnütz Geschwetz?
Geh, heiß mirn Knecht satteln das Roß,
Eh dann der Fremd kum an das Mos.
Die Peurin gehet naus.

Der Paur spricht zu im selb:

Ach, Herr Gott, wie hab ich ein Weib,
160 Die ist an Seel, Vernunft und Leib
Ein Dildap, Stockfisch, halber Nar,
Irs gleich ist nit in unser Pfarr,
Die sich lest uberreden leider,
Und schickt irem Man Gelt und Kleider,
165 Der vor ein Jar gestorben ist,
Durch des farenden Schulers List.
Ich wil nach reitn, tu ich in erjagen,
So wil ich im die Haut vol schlagen,
In niederwerfen auf dem Feld,
170 Im wider nemen Kleidr und Gelt,
Darmit wil ich denn heimwartz kern
Und mein Weib wol mit Feusten bern,
Des Ploben geben umb die Augen,
Das sie ir Torheit nit kün laugen.
175 Ach, ich bin halt mit ir verdorben!
Ach, daß ich hab umb sie geworben,
Das muß mich reuen all mein Tag,
Ich wolt, sie het Sanct Urbans Plag.

Die Peurin schreit daußen:

Sitz auf, das Roß ist schon bereit,
180 Fahr hin, und das dich Got beleit!
Sie gehen beide ab.

Der farend Schůler kummet mit dem Pürlein und spricht:

Wol hat gewölt das Glück mir heut,
Mir ist geratn eine gute Beut,
Das ichs den Winter kaum verzehr.

158 Mos, Sumpf, Moor. — 161 Tildap, Törin. — 162 Pfarre,
Pfarrspiel. — 172 bern, schlagen. — 173 des Ploben, Genet. von
das Blaue, blaue Flecke vom Schlagen. — 174 laugen, laugenen,
leugnen. — 178 Sanct Urbans Plag, der Veitstanz. — 180 be
leiten = geleiten.

Het ich der einfelting Peurin mehr,
185 Die mich schickt in das Parabeis!
Wer schad, das sie all weren weis!
Botz Angst, ich sie dort ein von weiten
Auf ein Roß mir eilend nach reiten.
Ists nicht der Paur, so ists ein Blag,
190 Das er mirs Dinglich widr abjag.
Ich wil das Pürlein hie verstecken
Ein Weil in diese Dorenhecken,
Nun kan er je mit seinem Roß
Nit zu mir reiten in das Moß,
195 Er muß vor dem Graben absteigen.
Ja er tuts gleich, nun wil ich schweigen,
Mein Garn in Busen schieben frei,
Auf das er mich nit kenn darbei,
Wil leinen mich an meinen Stab,
200 Sam ich auf ein zu warten hab.

Der Paur kumt gesport und spricht:
Glück zu, mein liebs Menlein, Glück zu!
Hast nit ein sehen laufen du,
Hat ein gelbs Strenlein an dem Hals
Und tregt auf seinem Ruck nachmals
205 Ein kleines Pürlein, das ist plab?

Der farend Schuler spricht:
Ja, erst ich ein gesehen hab,
Der lauft ein ubers Moß gen Wald,
Er ist zwar zu ereilen bald.
Jetzt geht er hinter jener Stauden
210 Mit Blasen, Schwitzen und mit Schnauden,
Wann er tregt an dem Pürlein schwer.

Der Paur spricht:
Es ist bei meim Eid eben der!
Mein liebs Menlein, schau mir zum Roß,
So wil ich zu Fuß übers Mos

---

187 sie für sich aus sihe. — 189 Blag aus lat. plaga, ein von
Gott gesandtes Unglück. — 190 Dinglich, Neutr. jedes Ding, alles.
s. V. 264. — 197 siehe Vers 144. — 200 sam, als wenn. — ge-
sport von sporen, neben dem sich erst später die Form spornen ent-
wickelt. — 208 zwar, fürwahr. — 210 schnauden siehe zu VII 98.

215 Dem Bößwicht nach eiln und in bleuen,
Das in sein Leben muß gereuen,
Er soll es keinem Pfaffen beichten.[1]

Der farend Schuler spricht:
Ich muß da warten auf ein Gweihten,
Welcher kumt nachher in der Rehen.
220 Wil euch dieweil zum Roß wol sehen,
Bis das ir tut herwider lenken.

Der Pauer spricht:
So wil ich dir ein Creutzer schenken.
Hüt, das mirs Pferdt nit laufet werd.

Der Pauer gehet ab.

Der farend Schuler spricht:
Lauft hin, sorgt nur nicht um das Pfert,
225 Das ir ein Schaden findet dran.
Das Roß wird mir recht, lieber Man.
Wie frölich scheint mir heut das Glück,
Volkummentlich in allem Stück:
Die Frau gibt mir Rock, Hosn und Schu,
230 So gibt der Man das Roß darzu,
Das ich nit darf zu Fußen gan.
O das ist ein barmhertzig Man,
Der geht zu Fuß, lest mir den Gaul,
Er weiß leicht, daß ich bin stübfaul.
235 O das der Paur auch solcher Weis
Auch sturb und für ins Paradeis,
So wolt ich gwiß von diesen Dingen
Ein gute Beut darvon auch bringen.
Doch wil ich hie nit lange machen;
240 Wann kem der Pauer zu den Sachen,
So schlüg er mich im Feld darmder
Und nem mir Gelt und Kleider wider;
Wil eilend auf den Grama sitzen

218 Geweihten Priester. — 219 nachher, hierher. — in der
Rehen, demnächst, sogleich; siehe Vers 32. 221 zurückkommen. —
223 laufet laufend. Über die Konstruktion siehe zu V 877. — 231 dürfen
in alter Bedeutung, nötig haben. — 234 stubfaul, sehr faul; hängt mit
Stütze zusammen.— 236 für, führe. — 243 Grama, ein schlechter Gaul.

Und in das Paradeis nein schmitzen,
245 Ins Wirtshaus, da die Hüner braten,
Den Paurn lassen im Moß umb waten.

Der farend Schuler nimmet sein Bürlein, gehet ab.

Die Peurin kummet und spricht:
Ach, wie ist mein Man so lang aus,
Das er nit wider kumt zu Haus.
Ich bsorg, er hab des Wegs verfelt,
250 Das meim Alten nit werd das Gelt. —
Botz Angst, ich hör den Schulthes blasen.
Ich muß gehn bald mein Seu aus lassen.

Die Peurin gehet ab.

Der Paur kumt, sicht sich umb und spricht:
Botz Leichnam Angst, wo ist mein Pferd?
Ja, bin ich frumb und ehrenwert,
255 So hat mirs der Bößwicht hin gritten,
Er daucht mich sein dückischer Sitten,
Hat auch das Gelt und Kleider hin.
Der gröst Narr ich auf Erden bin,
Das ich traut diesem Schalk vertrogen.
260 Schau, dort kumt auch mein Weib herzogen,
Ich darf ir wol vom Roß nit sagen,
Ich troet ir vor hart zu schlagen,
Das sie so einfeltig war eben,
Dem Schuler das Dinglich zu geben,
265 Und ich gab im doch selb das Pferd.
Viel größer Streich wer ich wol wert,
Weil ich mich klüger dünk von Sinnen.
Ich wil etwan ein Ausred sinnen.

Die Peurin kumt und spricht:
Schau, bist zu Fußen wider kummen,
270 Hat er das Gelt von dir genummen?

---

244 schmitzen, eilig laufen. — 251 Schultheiß, woraus später
Schultze wird, eig. der Verpflichtungen besiehlt. Hier giebt er das Zeichen, daß
die Leute das Vieh zur Weide herauslassen. — 253 Derselbe Fluch kommt
auch sonst bei Sachs vor (vgl. VI 17) und viele ähnliche. Botz Leichnam ist
entstellt aus Gottes Leichnam. — 255 er hat mir das Pferd weg gerit-
ten, ist mit ihm davon. — 259 vertrogen wie verlogen gebildet. —
262 troet = drohete. — vor, vorher. — 264 Dinglich siehe zu V. 190.

Der Paur spricht:

Ja, er klagt mir, der Weg wer weit,
Auf das er kum in kurtzer Zeit
Ins Paradeis zu deinem Man,
Das Pferd ich ihm auch geben han,
275 Das er geritten kum hinein,
Bring auch das Pferd dem Manne dein.
Mein Weib, hab ich nit recht getan?

Die Peurin spricht:

Ja, du mein hertzenlieber Man,
Erst vermerk ich dein treues Hertz.
280 Ich sag dir das in keinem Schertz.
Wolt Gott, das du auch stürbest morgen,
Das du nur sehest unverborgen,
Wie ich dir auch geleicher Weis
Nach schicken wolt ins Paradeis.
285 Nichts ich so weit zu hinterst het,
Das ich dir nit zu schicken tet:
Gelt, Kleider, Kelber, Gens und Seu,
Das du erkennest auch mein Treu,
Die ich dir hindn und foren trag.

Der Paur spricht:

290 Mein Weib, nichts von den Dingen sag,
Solch geistlich Ding sol heimlich sein.

Die Peurin spricht:

Es weiß schon die gantz Dorfgemein.

Der Paur spricht:

Ei, wer hats in gesagt so bald?

Die Peurin spricht:

Ei, eh du nein rits in den Wald,
295 Hab ichs gesagt von trumb zu End,
Was ich mein Mann hab hin gesent
Ins Paradeis gar mit Andacht.

---

279 erst, jetzt erst. — 285 zu hinterst gelegt, um es aufzuheben.
— 289 hinden und foren, überall. — 295 Drum, Trum, das Ende,
also: von einem Ende zum andern.

Ich mein, sie haben mein gelacht
Und sich alle gefreut mit mir.

Der Paur spricht:

300 Ei, das vergelt der Teufel dir!
Sie haben all nur dein gespot!
Wie hab ich ein Weib, lieber Gott!
Geh nein, richt mir ein Millich an.

Die Peurin spricht:

Ja, kum hernach, mein lieber Man.

Die Peurin gehet aus.

Der Paur beschleußt:

305 Der Man kan wol von Unglück sagen,
Der mit eim solchn Weib ist erschlagen,
Gantz ohn Verstand, Vernunft und Sin,
Geht als ein dolles Viech dahin,
Bald glaubich, doppisch und einfeltig.
310 Der muß er lign im Zaum geweltig,
Das sie nicht verwarlos sein Gut,
Doch weil sie hat ein treuen Mut,
Kan er sie dester baß gedulden,
Wan es kunt auch gar oft zu Schulden,
315 Das dem Mann auch entschlupft ein Fuß,
Das er ein Federn lassen muß,
Etwan leit Schaden durch Betrug,
Das er auch ist nit weis genug.
Denn zieh man Schad gen Schaden ab,
320 Darmit man Fried im Ehstand hab
Und kein Uneinigkeit auf wachs;
Das wünschet uns allen Hans Sachs.

Die Person in das Spiel:

Der farend Schuler   1
Der Paur   2
Die Peurin   3

Anno M. D. L. Jar. Am VIII. Tag October.

---

303 eine Milch, siehe zu V 120. — 306 erschlagen, zu seinem
Unglück versehen. — 309 bald glaubich, leichtgläubig. — 310 Er muß
sie zügeln, darf sie nicht frei schalten lassen. — 313 gedulden, geduldig ertragen. — 315 entschlupft, ausgleitet. — 316 Federn lassen,
durch Unglück etwas verlieren.

Der jingend Schuſter zu Lübeck.

In der Saurweis Hans Vogels.

Ein Burger zu Lübeck geſeßen,
Ein alt Man, het kein Kint mit ſeinem Weibe,
Jedoch ſer reich am Gute,
(Burkhardus Waldis ſchreibe)
5 Der war karg mit Trinken und Eſſen
Und leget gar kein Unkoſt an ſein Leibe,
Mit ganz traurigem Mute
Er al ſein Zeit vertreibe.
Bei ihm ein Schuſter ſaße,
10 Gar arm an Gut, der doch ganz frölich waſe,
Er jung
Bei Tag und auch bei Nachte,
Auch het er gar vil Kinder.
Er arbeit hart, war frölich nichts deſt minder.
15 Der Reich het darauf achte,
Lud in auf ein Suntage.
Als ſie aßen, tet im der Reich ein Frage,
Wie er ſo frölich wer,
Weil in doch teglich drung
20 Armut und Arbeit ſchwer.
Der Schuſter tet im Antwort geben:
„Da hab ich gar wenig Guts zu verſorgen,
Mir kan Niemant nichts nemen,
Weder Räuber noch Diebe.
25 Darum ſo tu ich ſicher leben,
Arbeit frölich den Abend als den Morgen,

XI Beiſpiel eines Meiſtergeſangs. Die Saurweis Hans Vogels iſt
einer von den Meiſtertönen (ſiehe Denkmäler III, 4 S. 84), welche
Sachs benußt hat. Er ſelbſt erfand 13 von den 272 Tönen, in denen
er gedichtet hat. — Eine alte Geſchichte, auch von Sachs' Zeitgenoſſen,
dem berühmten Fabeldichter Waldis behandelt. Vgl. Hagedorns „Johann
der muntere Seifenſieder." — 4 ſchreibe, altes Präteritum, mit un=
organiſchem e, wie oft in dieſem Stück, V. 8, 9, 10 u. ſ. f. auch am
Subſt. Streng genommen Fehler 7 der Tabulatur (Denkmäler III, 4
S. 83), aber im Mitteldeutſchen ſehr gebräuchlich. Vgl. Luther, Denk=
mäler III, 3 S. 233. — 6 er wandte nichts an. — 10 waſe — war.
— 22 ich habe keine Sorge um meine Güter.

Tu um kein Gut mich gremen,
Hab Weib und Kinder liebe,
Die ich hin bring mit Eren.
30 Gwin ich nicht vil, tu ich dest ringer zeren.
Gott Lob,
Das ich bin frisch und gsunde,
Und laß mich auch benügen
An dem, was Gott mir teglich ist zufügen."
35 Als der Reich hört den Grunde,
Tet er, seins Guts zu denken,
Dem armen Schuster hundert Gulden schenken,
Das er sich nert dest baß
Mit Weib und Kind, darob
40 Er hoch erfreuet was.
Als der Schuster das Geld heim brachte,
Dacht er, wie er das selb möcht wol anlegen,
Das er mer möcht gewinnen,
Wurt geitig über Maßen,
45 Lag ungschlafen die ganze Nachte
Mit mancherlei heimlich großen Anschlegen
Und wuchert mit den Sinnen;
Seines Singens vergaße,
Nit mer wart frölich ere
50 Und ging auch traurig auf der Gaßen here.
Kein Ru
Het er in seinem Herzen.
Er dacht: mir bringt das Gelt Unru und Schmerzen.
Lief hin, tet wider bringen
55 Dem reichen Man sein Gute,
Wolt lieber wie vor leben in Armute,
Sicher und frölich singen,
Dan wie ein Tor und Stum
Sein traurig, iemer zu
60 Leben in dem Richtum.

---

30 ringer, weniger. — 34 Siehe zu V 877. — 36 um sich daran
zu erinnern, daß er reich und daher wohlzuthun verpflichtet wäre. —
44 geitig, habgierig. — 47 mit den Sinnen, im Gedanken. —
49 ere = eher. — 50 here, einher. — 56 vor, vordem. — 60 Rich-
tum, Reichtum.

Halle a. S., Buchdruckerei des Waisenhauses.